LE CAPITAL FICTIF
COMMENT LA FINANCE S' APPROPRIE NOTRE AVENIR

虚拟资本
金融怎样挪用我们的未来

[法] 塞德里克·迪朗
Cédric Durand
—— 著 ——

陈荣钢
—— 译 ——

中国人民大学出版社
·北京·

总　序

党的十八大以来，习近平总书记高度重视马克思主义政治经济学，多次就坚持和发展马克思主义政治经济学作出重要论述。2015年11月23日，在主持十八届中共中央政治局第二十八次集体学习时，习近平总书记指出："马克思主义政治经济学是马克思主义的重要组成部分，也是我们坚持和发展马克思主义的必修课。""马克思主义政治经济学要有生命力，就必须与时俱进。……我们要立足我国国情和我们的发展实践，深入研究世界经济和我国经济面临的新情况新问题，揭示新特点新规律，提炼和总结我国经济发展实践的规律性成果，把实践经验上升为系统化的经济学说，不断开拓当代中国马克思主义政治经济学新境界，为马克思主义政治经济学创新发展贡献中国智慧。"[①] 2020年8月24日，习近平总书记主持召开经济社会领域专家座谈会时再次强调："恩格斯说，无产阶级政党的

[①] 习近平. 不断开拓当代中国马克思主义政治经济学新境界. 求是，2020(16)：4-9.

'全部理论来自对政治经济学的研究'。列宁把政治经济学视为马克思主义理论'最深刻、最全面、最详尽的证明和运用'。我们要运用马克思主义政治经济学的方法论,深化对我国经济发展规律的认识,提高领导我国经济发展能力和水平。"[1]

习近平总书记关于学好用好政治经济学的论述为我们指引了方向。当前,我们正处于以中国式现代化全面推进强国建设、民族复兴伟业的关键时期,无论是从发展新质生产力、推动经济高质量发展的现实需要出发,还是从推进党的创新理论的体系化学理化、建构中国自主的经济学知识体系的内在要求来看,学好用好马克思主义政治经济学都具有不可估量的时代价值和实践意义。

在学好用好政治经济学的过程中,既要立足中国国情,及时总结新的生动实践,不断推进理论创新;又应树立国际视野、秉持开放的态度,不排斥国外经济理论的合理成分,坚持去粗取精、去伪存真,坚持以我为主、为我所用。在这个过程中,特别需要重视发达国家在国际上具有影响力的政治经济学流派的奠基之作与反映国外政治经济学研究新进展的前沿著作,为学好用好政治经济学提供必要的参考资料,为建构中国自主的经济学知识体系提供理论借鉴。因此,我们精心策划出版了这套"政治经济学文库"。文库分为"经典"和"前沿"两大子系列,汇聚国际政治经济学领域重要流派的奠基之作和

---

[1] 习近平. 正确认识和把握中长期经济社会发展重大问题. 求是, 2021 (2): 4-10.

学术前沿精品著作。

发达资本主义国家的不少进步学者，在运用马克思主义政治经济学阐释现代化社会大生产和资本主义市场经济运行的规律，分析资本主义国家所面临的种种经济问题的过程中，孕育出了许多重要的学术成果，呈现出了多样化的学派和发展路径。例如，在美国有垄断资本学派、积累的社会结构学派、世界体系学派，在苏联有鲁宾学派，在法国有调节学派，在日本有宇野学派，还有一些学者将马克思与凯恩斯结合起来发展出了后凯恩斯主义经济学，等等。尽管这些学派在方法论和理论逻辑上各有特色，研究视域也极为广阔，但它们有一个共同的特点，即都从马克思主义理论中那些高度抽象的概念中转化出若干分析性的中间概念，建立了中间层次的理论，从各个角度发展和应用了马克思主义政治经济学。这些学派一方面彰显了马克思主义政治经济学的科学性，另一方面进一步推进了马克思主义政治经济学的时代化。政治经济学文库的"经典"系列，囊括了法国调节学派、美国积累的社会结构学派、日本宇野学派、鲁宾学派、后凯恩斯主义经济学等学派的重要著作，以期为读者提供国外政治经济学发展的经典著作，确保我们能够真正吸收和借鉴国外政治经济学的精髓，为我所用，推动马克思主义政治经济学的创新与发展。

习近平总书记要求我们"深入研究世界经济和我国经济面临的新情况新问题，揭示新特点新规律"[①]。2008年国际金融

---

① 习近平. 不断开拓当代中国马克思主义政治经济学新境界. 求是，2020 (16)：4-9.

危机的爆发、数字技术革命的加速发展、生态环境问题的凸显、新冠疫情的暴发深刻影响了世界经济……世界面临百年未有之大变局，国外政治经济学相关的研究和批判得以被激活。与此不太相称的是，我国的相关著作译介仍显不足。政治经济学文库的"前沿"系列，就是聚焦于国际政治经济学界研究的前沿和最新动态，涵盖数字经济、不平等、金融化、技术创新等热点问题。例如，法国塞德里克·迪朗撰写的《虚拟资本：金融怎样挪用我们的未来》，对金融虚拟化进行了深刻剖析，揭示了虚拟资本对贫富差距、政策制定以及市场信号的影响；获得2013年美国社会学协会杰出学术著作奖的《资本化危机》，则从历史社会学角度深入剖析了美国金融化的深层原因与机制，在国际上被广泛推荐和引用；此外，《增长如何发生》《技术塑造美国》等著作，亦从不同的视角为我们理解现代经济的发展与技术的作用提供了深刻的洞见。这些著作不仅荣获多个国际学术奖项，更在学术界产生了广泛影响，为政治经济学的研究与发展注入了新的血液。

在遴选译者翻译这套文库时，我们对译者提出了很高的要求，不仅注重译者的第一外语功底，而且要求译者必须是政治经济学领域的专家。例如，《马克思价值理论文集》是苏联著名的马克思主义经济学者鲁宾的创造性著作，该书为理解马克思的劳动价值论提供了重要视角，是目前国际上兴起的"新马克思主义阅读"和"新辩证法"两派学者都推崇的重要著作。在准备翻译这本书时，我们在全国范围内多方联系，邀请了精通俄语的政治经济学领域的专业学者，从俄文原版直接翻译，并且增补了鲁宾题为《马克思货币理论》的手稿，以帮助读者更加深入地理解马克思的价值理论和货币理论。法国调节学派和日本宇野学派的著作，我们也分别邀请了精通法语的马克思主义领域专家学者和在日本高校承担政治经济学教学的中国学者来从事翻译工作。

我们期待"政治经济学文库"的出版，一方面能够启发国内学界在理论创新过程中的深入思考和探索，为我们解决理论创新难题提供新的思路，帮助我们建构中国自主的政治经济学知识体系；另一方面能够帮助我们借鉴国外研究成果的合理成分，把握社会经济发展规律，提高驾驭社会主义市场经济的能力，以更好地回应我国经济发展中的理论和实践问题，制定更为科学、合理的经济政策，推动中国式现代化的进一步发展。

本丛书是一套开放性丛书，我们热切欢迎学者和社会各界读者积极参与，向我们推荐精品力作，携手共同打造具有深远影响力和卓越学术价值的丛书。我们将以严谨的态度精心打磨，力求将优质的作品呈现给广大读者。

谢富胜

中国人民大学出版社总编辑

推荐序一

虚拟资本的历史与金融化的本质
——金融自由化、去工业化与资本主义经济虚拟化

由法国经济学家塞德里克·迪朗著、陈荣钢译的《虚拟资本：金融怎样挪用我们的未来》一书，是现代西方马克思主义经济学家分析当代资本主义经济演化最具代表性的著作之一。本书以虚拟资本自20世纪70年代以来的发展为主线，描述了整个资本主义如何从强大的工业化经济走向金融化和去工业化的今天。在迪朗的眼里，虚拟资本的发展演化不是"一叶知秋"的一个局部，而是20世纪至今整个资本主义发展演化的核心。正是由虚拟资本引起的金融化和去工业化，推动资本主义世界进入了不可逆转的"秋天"。秋天是万物凋零的季节，它的到来预示着严冬即将来临。早期被当作褒义词的"后工业化"几乎不再被人提起，同样的状态现在却改用"金融化"和"去工业化"的贬义词来描述，与其相对应的褒义词改成了"再工业化"。的确，发达资本主义的唯一希望就是再工业化。

一、从金融化、金融不稳定性、资本积累的演化到无须积累的利润来源

作者开篇的第一句话就是"自20世纪70年代以来，富裕国家最显著的发展之一是金融业务的加速扩张"。这也可以当作其对金融化的定义。然后他解释道："金融化不是附带现象。它是一个触及当代资本主义组织方式核心的过程。"而"虚拟资本力量的崛起是这一转变的节点"。"当代虚拟资本的积累已经结满了冬天的霜冻。""这就是当今社会大倒退的基础。"本书的目的就是，"如果今天的金融化是秋天的迹象，那么我们必须解释为什么会这样"。

本书从资本的贪婪讲起，阐述了金融不稳定性的根源、虚拟资本的谱系及其在当代的崛起；探讨了在这个过程中资本积累如何发生变化、金融利润的来源和金融本身的蜕变。本书使我们了解了在西方马克思主义者眼里，现代资本主义到底发生了什么根本性的变化，以及将给世界带来重大变化的历史趋势。

迪朗认为，金融不稳定性的根源在于投机活动的盛行。他推崇明斯基的理论："如果投机行为持续足够长的时间，就会以危机告终。"从斯密"看不见的手"到瓦尔拉斯的一般均衡理论，为西方经济学奠定了价格系统会自动使市场趋于均衡的理论。均衡的本质就是稳定，自动稳定机制就是市场自动趋于稳定状态的机制。不但微观经济学的产品市场和要素市场如此，凯恩斯宏观经济学中的金融市场也是如此。均衡利率导

致货币供求均衡，货币的供给是储蓄，货币的需求就是投资，金融市场的均衡也就是储蓄与投资之间的稳定均衡。IS－LM模型给出的宏观均衡和稳定条件就包括实体经济与金融的均衡和稳定状态。直到有效市场理论出现，都没有从根本上动摇过市场存在自动均衡，从而存在自动稳定机制的信条。只要信息充分，投机活动会消除额外利润，削平价格波动，有利于经济稳定。甚至在汇率理论中的套利行为也是均衡汇率的重要决定机制之一。但过度投机会引起金融波动也是许多西方学者的共识。作者赞同明斯基的金融不稳定性三阶段论：最初金融处于稳健阶段，而后随着投机越来越多进入投机性金融阶段，最终因债务过度膨胀进入庞氏金融阶段。这就是金融不稳定性假说的基本构架，其根源就是投机。虽然对明斯基的理论尚有不同认识，但越来越多的金融危机却不断证实着金融系统存在着内在的不稳定性。作者在三阶段论的基础上提出了"当代金融超级周期"理论：当金融活动进入明斯基第三阶段庞氏金融状态的时候，往往会爆发金融危机，金融当局和政府为防止金融系统崩溃就会出面干预。这些干预虽然可以减缓危机、恢复经济，但却产生了"国家干预的悖论"，使得金融系统和金融机构越来越大胆，系统越来越依赖于国家干预，于是就出现了国家干预与金融投机相互加强的互动机制。这种循环本身的动力已经与工业经济等实体经济无关，所以被作者称为当代金融超级周期。其中主角是那些金融投机者与实施国家干预的官方机构，他们的作用相互强化，导致了金融系统的恶性循环。国家干预延长了有问题的负债结构，加剧了两极分化。

迪朗在梳理虚拟资本谱系的章节中指出，"社会生产的价值化过程决定了金融价值化过程"。"投机价值化和基本价值化并不对称，因为虽然投机确实必然指向通过社会生产实现增殖的过程，但反之则不然。然而，这正是金融界试图通过流动性来实现的目标。"他指出，奥尔良所说的流动性悖论明显强调了金融自主性的相对特征："他揭示了实体价值化过程与金融价值化过程之间的张力——这是金融化引发问题的核心所在。"金融的最大特征就是它可以创造货币。因此，作者在虚拟资本谱系中首先将纸币的出现归为最初的虚拟资本，他描述了发行纸币几乎是奇迹般的"炼金术"。可兑换纸币的出现意味着真正的信用制度的出现，但是它一出现就带有骗局的意味。作者引用哈耶克的话之后指出，由于货币过多而导致的需求过度所引起的物价上涨，"只是一个表面上的悖论。这与虚拟资本的作用有关，这里的虚拟资本被视为信贷多于储蓄的资本"。马克思也认为，无中生有地创造出的信用货币就是一种虚拟资本，并提到预期收入资本化也是创造虚拟资本的重要方式。从马克思到哈耶克，都将债券、股票以及其他有价证券归为虚拟资本。迪朗引用马克思的话，认为虚拟资本"创造价值，提供利息，成了货币的属性，就像梨树的属性是结梨一样"。他对虚拟资本的定义也引用了马克思的理念——"虚拟资本是资本脱离'生产—价值增殖'过程的一种体现"。

书中阐述了虚拟资本在当代的崛起，指出虚拟资本在金融自由化环境下，在金融创新的推动下，出现了一系列新的金融产品和虚拟资本的新形态。特别是在网络化和智能化的今天，一系列新技术与金融结合谋取巨额利润的经济形态层出不穷，引导了许多实体经济的企业或转入金融活动，或深度参与金融活动。技术创新本身的盈利往往小于利用技术创新做噱头的金融活动的盈利。虚拟资本的崛起导致攫取利润的方式日益脱离实体经济，也就改变了资本积累的方式。书中引用了格丽塔·克里普纳（Greta Krippner）对金融化的定义："资本积累的重新定向，也就是从生产和商业活动转向与金融有关的活动。"积累正在从技术进步基础上的固定资本形成转向虚拟资本的积累，特别是各类债务及其衍生产品的积累。如果只有实体经济的积累才可以产生利润，那么唯一的解释就是金融利润来自发展中国家和新兴市场国家实体经济的快速资本积累。迪朗总结道："创新、剥夺和寄生，这就是支撑金融利润的社会逻辑"，"剥夺和寄生"一针见血地点出了当代虚拟资本积累的本质。虚拟资本的积累实际就是金融系统风险的积累，其必然导致金融危机。

作者意识到，虚拟资本不但改变着资本主义的发展趋势，使其走向衰落，而且也改变着整个世界的经济格局。

二、"金融化"及金融利润来源的启示

迪朗认为资本主义进入"秋天"的罪魁祸首是以虚拟资本积累为核心的金融化。金融化是全书的核心，但是，迪朗对金融化的定义却并不清晰。它被叙述为包括金融自由化、金融

市场国际化和复杂化、债务增长、社会保障体系和自发的私有化趋势、工人运动分裂、金融危机扩散等一系列与金融直接相关或间接相关的各种过程所形成的一种结构。实际上,金融化在迪朗的描述中,不过是整个社会过程显示出的大趋势。虚拟资本居于核心地位,是这个社会大趋势的基本推动力。

马克思说:"正如商品本身是使用价值和价值的统一一样,商品生产过程必定是劳动过程和价值形成过程的统一。"① "作为劳动过程和价值形成过程的统一,生产过程是商品生产过程;作为劳动过程和价值增殖过程的统一,生产过程是资本主义生产过程,是商品生产的资本主义形式。"② 马克思指出了市场经济是物质生产过程(具体劳动过程)与价值形成过程(社会过程)的统一。与对商品本质的认识一致,市场经济的本质是价值形成过程。同样,资本主义市场经济的本质是价值增殖过程。追求价值增殖是资本的本性,因此马克思在一百多年前就已经指出:"资本主义生产的动机就是赚钱。生产过程只是为了赚钱而不可缺少的中间环节,只是为了赚钱而必须干的倒霉事。〔因此,一切资本主义生产方式的国家,都周期地患一种狂想病,企图不用生产过程作中介而赚到钱。〕"③ 这意味着资本主义蕴含着一种强烈动机,想寻求脱离了物质生产过程的价值增殖途径。马克思认为资本主义的金融不是古代生息

---

① 马克思恩格斯文集:第5卷.北京:人民出版社,2009:218.
② 马克思恩格斯文集:第5卷.北京:人民出版社,2009:229-230.
③ 马克思恩格斯文集:第6卷.北京:人民出版社,2009:67-68.

资本发展而来的，它是从产业资本中诞生并为产业资本服务的。西方自由主义经济学家也认为金融的基本功能是"将储蓄转化为投资"，而投资不包括金融投资，仅仅是固定资本形成。为产业资本服务并分享利润是金融最初的生存之道。西方学界当前盛行的金融化概念，很容易被理解为金融正常功能的扩张，而不是金融功能本身的扭曲。书中所叙述的许多案例，从金融家与官方的勾结、与学者的勾结等各种投机丑闻，到放松管制，鼓励那些复杂的金融创新产品交易，其目的都是谋取暴利。这些与金融初衷相悖的行为，实际上扭曲了金融的社会功能，这样的金融正在掏空发达国家经济体，养育着新的庞大的食利者阶层，加剧两极分化。"虚拟资本在当代崛起"背后是金融基本功能的扭曲，而不是"金融业务的加速扩张"，"金融化"概念并不能突出这个社会过程的本质。

我本人和一些中国学者更偏向于将金融领域中那些背离金融初衷、扭曲金融社会功能的行为称为虚拟经济。同样，实体经济中炒作大蒜、炒郁金香、炒房之类的活动也是违背实体经济初衷、扭曲其社会功能的虚拟部分。"虚拟经济"概念实际上只包括金融活动和实体经济中那些扭曲了本行业基本社会功能的部分。与此密切相关的命题就是巨额金融利润从哪里来。持金融化观点的学者多是将其简单归为对发展中国家和新兴市场经济国家的剥夺或掠夺。其实这只是其利润的一部分，有时甚至是一小部分。实际上，金融利润大多也是虚拟的，与资产价格上涨一样不是真实财富的增加，只是金融账面的数字。只有在通过贸易逆差买进资源和消费品的时候，所谓的国际掠夺性利润才得以落实。美国和英国是典型的经济虚拟化国家，其金融项目国际收支顺差多数是其他国家对美国贸易顺差所得美元再购买美国金融资产（充当外汇储备）导致的美元回流，它们绝大部分是美国的对外负债，这也是美国成为世界最大债务国的根源。如果美国金融利润全部是对外剥夺的话，新兴市场经济国家就不可能有大幅度的经济增长。剥夺是存在的，如果将美国金融虚拟部分的利润全部看作是剥夺，就意味着美国巨额金融利润增加必然导致新兴市场经济国家利润减少。因为利润只能来自新兴市场经济国家的实体经济，于是英美等发达国家的金融利润与新兴市场经济国家的利润之间就变成了零和博弈。果真如此的话，中国就不可能在美国等西方国家金融利润持续增长的同时成为世界最大的工业化国家。所以英美等典型经济虚拟化国家的大部分高额金融利润也是虚拟的，而且这种虚拟部分的利润实际上没有上限。

三、值得进一步探讨的命题

首先，金融的正面作用不可否认。作者并没有否定马克思对发行股票会大力推动社会生产力发展的论断，特别是铁路等基础设施建设方面的正面功能。即使在今天的西方资本主义国家，将金融全部看成是负面因素也值得商榷。例如支持技术创新的风险基金就是我们需要借鉴的金融活动。在中国商业银行改革之初，它们就曾经向乡镇企业、民营企业和地方企业贷款，支持其发展。可以说金融改革一开篇，中国银行系统就成为推动中国经济从计划配置资源向市场配置资源发展的主力军。尽管中国金融至今仍存在一些问题需要解决，但中国之所以能成为世界制造业第一大国，中国金融的正面作用是不可抹杀的。

其次，金融的基本功能与金融创新的关系也有必要进一步探讨。马克思认为，资本主义的生息资本来自产业资本并为产业资本服务，这是资本主义金融发展的根。直到20世纪80年代，"将储蓄转化为投资"仍然是西方学者对金融基本功能的定义。随着金融自由化的发展，国家放开管制，鼓励金融创新，现代金融学的核心也转变为以资产定价为基础的风险管理。金融创新是金融自由化的核心机制，也是所谓金融化的核心机制。金融创新最初的目的就是规避风险和规避管制。从微观角度看，当代金融创新的重要功能是规避风险，而系统风险是不能规避的，因此，风险管理的核心只能落实在规避个别风险上。南开大学教授刘晓欣专门撰文指出，打包、债务重组、资产重组等操作实际上并没有消除个别风险，这些操作的本质不过是"个别风险的系统化"[①]。最早将金融工程学引入中国的学者宋逢明教授近年来一再指出，金融的基本功能是在风险管理的前提下配置资源。南开大学虚拟经济与管理研究中心经济理论创新组2023年出版的《新经济学大纲——决定资源配置及其演化的规律》专题论述了金融在资源配置中的两种基本

---

① 刘晓欣. 个别风险系统化与金融危机：来自虚拟经济学的解释. 政治经济学评论，2011（4）：64-80.

方式、运行机制及其最佳配置资源的衡量标准等问题。习近平总书记在 2023 年 10 月召开的中央金融工作会议上强调要"守正创新",就是要先守住金融的初衷,守住其最基本的社会功能,在此基础上的创新才有意义。

再次,资本积累的形式及其变异也是经济学绕不开的命题。在迪朗的书中,资本积累占有重要地位。从"虚拟资本的积累"到"无须积累的利润",显示出在金融化理念和实际的金融自由化过程中资本积累的变化。投资历来是指固定资本形成,金融投资不是真实投资,而是储蓄。资本积累的底层逻辑是以固定资本形式体现出来的技术和知识积累,它们最终结合在一起凝结为社会生产力。虚拟资本的积累其实就是脱离了物质生产过程的"价值化积累"①,它与无须积累的利润本就是虚拟利润一样,价值化积累也是虚拟的积累。在迪朗眼里,虚拟资本的积累也就是没有积累。

最后,需要提醒读者的是,"与国际接轨"理念的转变对今天的中国格外重要。遵照国际规则和发达国家的规矩办事,按照国际通行的话语体系交流等,一直是与国际接轨的基本思路。30 多年前,虚拟经济研究专题研讨会刚开始的时候,一位学者善意提醒我,虚拟经济命题的最大问题是不能与国际接轨。但可喜的是,我们坚持下来了,如今从事这个命题研究的学者越来越多。现在,当我们看到华为的 5G 与国际接轨的方

---

① 刘晓欣. 虚拟经济与价值化积累:经济虚拟化的历史与逻辑. 天津:南开大学出版社,2005.

式已经不再仅仅是按照人家的标准干的时候，看到"一带一路"共建国家也不是单纯接受国际标准，而是采纳在合作共赢原则下的自主标准的时候，我们也善意提醒读者，无论最终对错、无论优劣，要坚持走自己的路，模仿和照搬终归不是自己的东西，企业终归要自己走路，学者终归要自己思考。

刘骏民
南开大学教授
2024 年 8 月于南开大学

推荐序二

信用挪移再分配财富的博弈

我看到《虚拟资本：金融怎样挪用我们的未来》这本书的题目时，就对它很感兴趣，这正是我想表达的观点。金融时代是一个可以把当今和未来的信用都放到交易平台的时代。在金融诞生之后，人类的社会组织就与原来的时代有了根本性的不同。

当今世界，经济学自20世纪70年代之后就没有实质性变化，但世界经济规则却极大地改变了。这一转变的起点在于布雷顿森林货币体系的瓦解，这一事件标志着美元彻底与黄金脱钩，货币与黄金的紧密关系就此终结。随后，牙买加货币体系兴起，美元通过绑定石油结算，巩固了其作为全球主要储备货币的地位，货币体系进入了一个新的时代。到了2008年，美联储等中央银行为应对金融危机，推出了量化宽松政策，这一政策极大地改变了货币供应的方式和规模。而到了2020年，在全球疫情的肆虐下，美元的量化宽松政策更是变成了常态化操作。这一系列变化深刻影响了货币的底层定义，货币不再仅仅是物质商品财富的等价物，而是更多地反映了政府的信用和债务状况。政府的负债，这一传统意义上的经济负担，在新的货币体系下反而成了一种财富储藏手段，成为政府信用的重要体现。

货币作为经济活动的核心要素，其定义和性质的转变直接冲击了传统经济理论的基石。随着货币体系的演变，世界经济理论亟须被重新改写。

在当今经济学界，英美学派往往被视为权威与圭臬，其学者的立场深刻影响着全球经济理论与政策走向。然而，随着货币本质的深刻变化，传统经济学理论似乎逐渐沦为服务于特定政治议程的工具，尤其是美国全球霸权需求的诠释者。这一现象导致了经济学的分化，形成了学院派与实战派两大阵营。学院派经济学家虽坐拥学术殿堂的崇高地位，却往往被批评为过于偏重政治宣传，而非纯粹的对经济规律的探索，这在一定程度上损害了经济学家的社会公信力与声誉。相比之下，实战派经济学家则更加注重实践应用，他们通过开发金融模型、利用高频交易和量化交易等手段，在市场中寻找机会并获取利润。然而，实战派的理论和方法往往并不予以公开，而是直接在金融市场上应用。

法国经济学家迪朗的思考为我们提供了一个来自英美体系之外的视角。法国学派作为欧洲体系的一部分，与英美学派有着显著的不同。迪朗擅长从马克思主义和法国调节学派的政治经济学视角来分析当代经济现象。他深刻剖析了欧元危机背后的深层次原因，揭示了金融化与全球化之间的复杂关系，并对东欧国家转型过程中的经济问题进行了独到解读。迪朗的见解促使我们跳出传统的经济学框架，从更加多元和包容的层面思考全球经济问题。

《虚拟资本：金融怎样挪用我们的未来》是迪朗的代表作。本书深入研究虚拟资本，在当前货币体系深刻变革的背景下，揭示了金融信用的本质及其对世界财富分配格局的影响。书中指出，随着货币逐渐脱离黄金的束缚，并进一步摆脱纸张的实体形态，金融活动愈发依赖于纯粹的信用体系。虚拟资本作为这一信用体系的核心构建，正深刻改变着全球经济的运行逻辑。英美等国引领的金融"脱实向虚"趋势，实质上是将未来的信用预期投放至市场，以此实现对全球财富的再分配。在这一过程中，虚拟资产不断膨胀，虽然看似创造了无形的财富增量，但其最终价值仍需由实体财富来买单。实体资产是分子，而包含了所有虚拟资产的总资产是分母。

既然人类的生存离不开实体财富，消耗实体财富（这里指广义概念，包括物质、能量以及消耗物质和能量的服务等）是人类生存的基础，那么虚拟资本何以产生呢？

人类自从有了证券市场，有了产权交易市场，有了各种期货衍生产品市场，虚拟资本就有了表演的舞台。以前的投资是由实物和现金组成，但到了证券市场，交易的股票代表投资的份额，而投资份额如何定价？其定价是根据利润和利率来决定的，并非依实物和货币价值来确定，这样定价的假设是公司能够长期稳定地保持所预期的利润。我们可以看到，定价一般是超越了投资的实物和货币的总价值的。也就是说，没有特别的原因，证券的交易价格的市净率将大于1，且一般来说远远大于1。因为如果市净率小于1，就面临投资被收购的风险。市场上有专门的公司猎鲨者，它们会把投资全部买下来，然后分拆出售实物，从而套取差价，因此在证券市场上，交易的价格会高于实物，多出来的就是虚拟资本。但这个虚拟资本受到多种因素的影响，对未来的信用也包含在内，因为利润和利率的定价既包括现在的利润，也包括公司增长的未来盈利预期，而利率则是以对未来利率的预期为主，因此交易价格的走势与未来的信用相关。也就是说，在虚拟资本时代，未来的财富被放到了现在的交易平台，通过交易进行再分配。

人类社会进入金融时代，是人类社会组织的一次飞跃。在此之前，我们看到的是世俗政治与宗教政治的博弈，在二者的博弈下，要么是宗教作为世俗政权的统治工具，要么就是政教合一下宗教直接控制政权，二者是强弱依附的关系，这样的博弈是残酷血腥的。而在金融和货币诞生以后，就有了第三方的力量，世界得以变成世俗政权、宗教和金融资本的三权分立。三种权力的互相制衡，让世界走向文明，减少了残暴的统治，但也用无形的手段决定着世界财富的再分配。

金融的力量是巨大的。在没有金融体系时，人们的财富（如贵金属）被埋藏在自家地窖里，财富的信用只属于主人，其他人无法利用。到了金融时代，人们存在银行的钱仅仅是一个符号数字。这笔钱贷给谁，与存款人无关；同样，这笔钱的利息多少，同样与存款人无关。这样看来，人们的财富信用是被借用的状态。而在虚拟资本盛行的时代，信用资源可以被提前利用，因此未来的财富被穿越到了现在进行交易，现在也分配未来的财富。

金融带来的虚拟交易不但可以对商品的现在进行交易，也可以对商品的未来进行交易，因此期货期权等交易诞生了，而期货期权交易本身并不交割实物，而是交割与未来商品价格相关的承诺。这个承诺的性质也是信用，是把商品的未来通过信用体系放到了当今的市场进行交易。期货期权交易需要交易体系的信用保障，其本质是商品的金融衍生，是通过其信用挪用了未来。

现在虚拟交易的期货期权市场飞速发展，其交易规模已经远超现货市场，规模之巨可达现货市场的成百上千倍！巨大的交易量需要巨大的货币流动性，将交易量和涨跌额相乘，可以得到这个市场所产生的总盈亏，因此期货市场的总盈亏也是成百上千倍地超过了现货市场。同时，二者的价格是关联的，期货市场的价格走向已经成为现货市场的价格决定者，期货市场掌握现货市场的定价权，成为再分配世界财富的工具。

2020年，期货首次允许负值交割，这意味着做空的各种虚拟资产价值，可以不受限制地涨到天际。在以往价格最低为零的时代，做空的价格是有天花板的，但现在做空的虚拟资产价格可以不受限制了。在"非典"疫情期间，美国无限量化宽松，结果石油的走向正好与大家预期的相反，不但没有暴涨，反而暴跌，而且是负值交割，出现了著名的"原油宝"事件。在这起事件中，当时石油期货为负值，市场内交割有限，而场外有大量参照期货价格结算的期权等衍生产品，因此原油宝数百亿美元的亏损并非全部源自场内交割。那么，巨大的亏损背后究竟是谁得利了？

从石油的负值结算中得利的是美国页岩油、页岩气背后的垃圾债券。通常，石油价格要在每桶50美元以上，高于页岩油和页岩气的成本，垃圾债券才可以赚钱。因此，当油价下跌时，许多专家纷纷指出美国页岩油和页岩气产业的困境及其垃圾债券的风险。然而，实际情况却出乎大多数人的预料。垃圾债券的高利率，让债券持有人可以用一部分利率收益来购买石油做空衍生产品进行对冲。这样一来，即便油价暴跌，衍生产品的收益也可用于对冲油价下降，从而使得债券照样得以偿付，期货期权等金融衍生产品就是这样利用信用穿越再分配财富的。

现代货币为信用货币，信用来自政府的债券体系，是政府的债务证券化和金融化的产物。政府债券的偿付来自政府未来的收入、财政的举债能力和征税能力，这也是政府的信用。以前的发达国家都是债权国，而现在的发达国家都是债务国。它们的政府债务占GDP的比例不断攀升，各国政府的财政都是赤字财政，并且赤字不断增加，偿债只不过是寅吃卯粮的政府再度举债。普遍来看，政府的债券数量远远超过政府的财政能力。西方国家的政府就是通过金融手段，在财政上不断挪用我们的未来！在全球化的今天，它们希望被挪用的未来是全球摊销再分配的，而不是由自己偿付。

当今还是信息爆炸的时代。在信息时代，信用是信息的一部分，信息本身也产生信用。现在货币脱媒，大家摆脱了携带和使用纸币的习惯，所有的交易都在数字系统内进行。这一转变不仅催生了法定数字货币的诞生，还激发了全球范围内虚拟数字货币的兴起。全球的虚拟货币价格暴涨，它们也有了衍生产品。但信息学发展的相关规律大都不是线性的，例如摩尔定律、吉尔德定律、梅特卡夫定律等。技术发展和信息爆炸远远超过了人类社会的线性发展，给全球的社会秩序造成了混乱，这也是著名的信息学定律之一——"扰乱定律"告诉我们的：新技术发展带来的混乱，需要不断的理论创新。

大量的虚拟资产在新时代涌现，它们可以作为资本或者更多地作为未来信用进入当今市场。但虚拟的财富和交易这么多，就出现了一个非常现实的问题，即虚拟交易真的能创造财富吗？在期权交易中，各种期权都是资产；在债券交易中，债务转变成了资产；在股权交易中，超出实物资本的交易价格变成了虚拟资本；在虚拟货币交易中，原本可能被视为无用的算力和能量也转变成了价值不菲的货币。上述这些虚拟资产都有交易的价格，但它们的对价真的是来自给人类创造的财富吗？按照传统的马克思价值论，虚拟资产肯定是没有价值的，它们只能代表或分配通过实体经济活动所创造的财富，但它们就真的没有价值吗？对传统的价值理论，我们是不是又要进行修正了呢？西方世界的脱实向虚和中国反对脱实向虚，也需要有理论上的支撑。我们不能成为在财富餐桌上被别人再分配的筹码。

金融危机为什么发生，一直是经济学家们争论不休的话题。在金融交易被认为是零和交易的基础上，金融危机往往给世界带来巨大损失。这些损失从何而来？在没有信用挪用未来的情况下，交易体系是有亏就有赚的，损失如何产生？按照书中所说的"虚拟资本挪用未来信用"的逻辑，就不难理解由于金融危机而损失的财富的流向了。事实上，金融危机招致的损失，早已被虚拟信用挪用到了危机之前，对应的财富早就被消耗一空，只不过当危机发生时，这个损失才落实到账面上。因此，虚拟资产的增长如果没有实体财富作为支撑，对于未来的预期一旦超过实际经济发展速度，就会引发金融危机。一言以蔽之，金融危机就是信用穿越到在此之前，再分配世界财富后最终结果的图穷匕见。

在虚拟时代，人们的交易方式、财富积累和管理模式都发生了天翻地覆的变化，一切变化都呼唤着新理论的诞生。迪朗虽然没有在本书中给出所有问题的答案，但他展现出独立的思考能力，并大胆地提出了新颖的问题，为读者带来了别具一格的审视视角。这些问题也是本人思考和著述的方向，我与本书作者可以说是"心有戚戚焉"！因此，本人非常高兴能为《虚拟资本：金融怎样挪用我们的未来》一书作序，并将这部力作推荐给国内对经济、金融问题抱有浓厚兴趣的读者朋友。我坚信，通过阅读此书，每位读者都能从中获得宝贵的洞见与启发，对虚拟资本、金融趋势以及它们如何塑造我们的未来将有更为深刻和全面的理解。

张捷

央视财经评论员

2024 年 8 月于中关村

前　言

秋天的迹象

自20世纪70年代以来，富裕国家最显著的发展之一是金融业务的加速扩张。2008年的金融危机，以及此后世界经济陷入的长期衰退，残酷地暴露了这种金融化带来的高昂的经济和社会成本。然而，没有任何迹象表明我们的社会正在摆脱它的控制。尽管已经采取了一些措施来对金融实施更严格的监管，但这些措施并没有从根本上挑战金融部门近几十年来与其他经济领域建立的关系。

金融化不是附带现象。它是一个触及当代资本主义组织方式核心的过程。的确，"虚拟资本"在资本积累的总体过程中占据了核心地位。这种虚拟资本体现在债券、股票和其他金融产品中，这些产品在我们经济中的权重已大大增加。虚拟资本代表着对尚未产生的财富的索取权。它的扩张意味着对未来生产的日益抢占。

虚拟资本力量的崛起源于金融领域本身的重大变革，也源于金融与社会世界其他部分的关系发生了变化——从商品和服务的生产到自然、国家和雇佣劳动。如果金融按照自身的动态发展，那么本书的假设是：虚拟资本的繁荣也是悬而未决的社会和经济矛盾的产物。费尔南德·布罗代尔（Fernand Braudel）意味深长地指出：金融化是"秋天的迹象"（Braudel, 1993, p. 290）。

14 世纪，佛罗伦萨高级金融的发展同时回应了公债融资中发现的新利润机会和纺织品生产贸易中盈利能力的侵蚀。随着促成中产阶级大规模崛起的商业和生产活动开始消失，社会不平等加剧。这时，金融利润集中在一小部分金融精英手中（Arrighi, 2010, pp. 102 – 104）。在 17 世纪的威尼斯、热那亚和阿姆斯特丹，"城市的社会寡头变得内向"，逐渐"从活跃的贸易中撤出，并趋于转向一个谋求安宁和特权生活的食利投资者社会"（Braudel, 1993, p. 315）。金融化、去工业化和社会两极分化齐头并进，这些特征是衰落的迹象。

我们有充分的理由认为，当代金融化标志着一个新的秋天。第一个引人注目的现象是，自 20 世纪 80 年代以来，我们看到主要富裕经济体的债务持续上升。尽管各国债务水平和构成存在较大差异，但这一趋势明显且普遍。第二个引人注目的现象是，金融部门在经济中所占份额的增长转化为金融利润在总体利润中所占份额的上升。第三个引人注目的现象是不平等的加剧，现在已有充分的证据来证明这一点。这种变化在所有发达国家中都很明显，收入和资产的不平等加剧，尤其是在英美国家（Piketty, 2013）。金融化以两种不同的方式直接触及这一点。首先，它允许与资本所有权相关的收入（利息、股息、股票市场的资本收益、房地产收入)增加;其次,它带来了金融部门薪酬的上涨(Godechot,2013)。

最后一个需要注意的主要因素是,所有高收入国家的增长率都明显放缓(见图0-1)。这一下降趋势与最富裕国家工业活动的下降以及这些国家在世界经济中所占份额的下降同时发生。1990年,高收入国家创造了国内生产总值(GDP)的80%,但到了2015年,这一数字已降至64%(世界银行世界发展指数)。

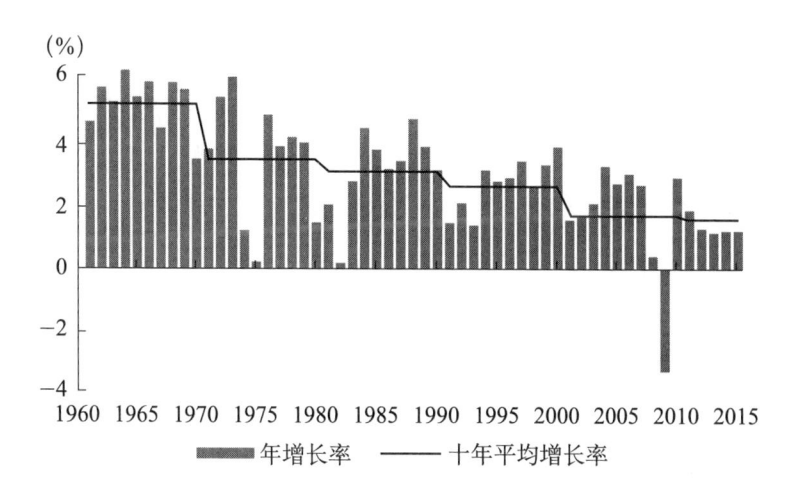

图0-1 高收入国家的国内生产总值增长率

资料来源:作者使用世界银行世界发展指数所做的计算。

考虑到这些因素,将金融化理解为一种系统性现象的重要性由此可见一斑。但"金融化"到底是什么意思呢?这个问题与这个概念的多重用途以及这一现象的不同方面有关。这些不同方面包括:金融自由化;金融市场的国际化和日益复杂化;公司、家庭和国家之间的债务增长;社会保障体系的私有化趋势；工人运动的分裂；金融危机的扩散……除了这种多元化之外，金融化是否有任何潜在的结构可以解释乍看起来不同的事件和过程的趋势？① 本书研究的假设是：即使金融化没有统一的结构，但至少存在一组相互依存的过程，构成了资本主义生产方式在历史和空间上的化身。虚拟资本力量的崛起是这一转变的节点。如果说金融化不能与当代资本主义的另外两大标志（全球化和新自由主义）割裂开来，那么它的最大特点就是积累了对尚未产生的价值的汲取权。

将金融化与衰退联系起来的假设并非不证自明。布罗代尔本人提到了1830—1860年间欧洲金融资本主义的成功："当时，银行控制了一切，控制了工业，进而控制了商品，总体经济最终变得足够强大，足以支持这种结构"（Braudel，2002，pp. 65 - 66）。鲁道夫·希法亭（Rudolf Hilferding）认为，金融资本是19—20世纪之交德国工业资本主义闪电增长的核心。伟大的"追赶"理论家亚历山大·格申克伦（Alexander Gerschenkron）解释道，金融是制度手段的一种武器，可以加速工业化，直接实现大规模生产。因此，金融化也是工业资本主义的春天。所以说，如果今天的金融化是秋天的迹象，那么我们必须解释为什么会这样。

---

① 在此，我们采用批判实在论的认识论方法。关于罗伊·巴斯卡尔（Roy Bhaskar）开创性的、明确的对马克思主义理论的介绍，关于托尼·劳森（de Lawson）在经济学领域对该理论的引申（*Economics and Reality*，London：Routledge，1997），以及关于发展新古典经济学批判方法的影响，参见 O'Boyle et McDonnough（2010）；Fine（2006）。关于经济学领域对批判实在论提出的主要批评的讨论，参见 Graça et Martins（2008）。

当代金融化的根源是什么？反过来说，它会产生什么样的张力？从调节学派的角度来看，由金融拉动的系统可以被描述为一套能够暂时遏制积累失调的机制。后凯恩斯主义和哈耶克主义以各自截然不同甚至完全相反的方式，探讨了因不适当的监管、预算和货币政策而饱受折磨和不稳定的资本主义动态。就资本主义本身而言，马克思主义观点优先考虑矛盾和冲突，这些矛盾和冲突在历史发展进程中破坏并同时推动了生产方式的发展。从这个角度来看，金融危机的爆发无非资本主义喘不过气来的表现，20世纪80年代初以来接二连三、愈演愈烈的金融危机就证明了这一点。

这些不同的观点将为我们自己相当悲观的论点提供依据。当代虚拟资本的积累已经结满了冬天的霜冻。有一段时间，金融的日益复杂化在一定程度上掩盖了生产活力的枯竭与资本需求和民众愿望之间日益严重的脱节。2008年的金融危机揭开了面纱——紧缩政策、结构改革和优先考虑金融稳定的目的是确保满足资本的需求，而不是人民的需求。这就是当今社会大倒退的基础。

目 录

第一章 超越贪婪 1
    丑闻的气息 3
    "灵活"的道德风险 10
    自我陶醉 13
    衍生产品工厂：居于经济理论的表演性与政治意识形态工作之间 16

第二章 金融的不稳定性 25
    金融的内在不稳定性 28
    公共干预的悖论 32
    当代金融超级周期 33
    明斯基的工具性运用 39

第三章 虚拟资本：概念的谱系 43
    奥地利学派的方法：虚拟资本是一种幻觉和资源转移 46
    马克思的方法：预期资本增殖形式的矛盾性 53

第四章 虚拟资本在当代的崛起 61
    虚拟资本的基础形式 65

虚拟资本的复杂形式　72

第五章　金融化积累　83
　　金融部门的权重　85
　　非金融企业收入的金融化　88

第六章　金融利润从何而来？　95
　　利润的异质来源　98
　　从资本主义剩余价值中扣减的股息　105
　　资本收益　107
　　金融机构的利润　111
　　金融利润的社会政治内容　114

第七章　金融为资本的蜕变服务　119
　　走向认知资本主义？　121
　　金融资本在长波改变方向时的作用　128

第八章　无须积累的利润之谜　137
　　食利者卷土重来　142
　　厌恶投资　148
　　非金融企业的金融收入　156
　　金融化与全球化之间的症结　160

后　记　173

参考文献　179

第一章

超越贪婪

第一章 超越贪婪

在公开讨论中，金融化问题主要从道德角度提出。最近因揭露大银行不当行为而引发的丑闻使该行业声名狼藉。在这里，我们不会试图挽回某个职业的声誉，我们有理由认为，该职业对公共利益的贡献与它本身获得的天价报酬成反比。但诚如我们所见，用金融参与者的不道德行为来解释这场危机的任何做法都经不起分析。

丑闻的气息

在华尔街的中心地带，骗子伯尼·麦道夫（Bernie Madoff）对一些强大的金融机构施展了与世界一样古老的伎俩，这就是庞氏骗局。这位前网球运动员欺骗了桑坦德银行、汇丰银行、法国外贸银行、苏格兰皇家银行、法国巴黎银行、西班牙对外银行、野村控股、法国安盛、法国国民互助信贷银行、德克夏银行、安盟和法国兴业银行等等。（就像数百万俄罗斯储蓄者和数十万阿尔巴尼亚人在社会主义政权垮台后上当受骗一样——帮助他们发现资本主义的乐趣！）麦道夫事件体现了一种对金融增值能力盲目自信的氛围。然而，这并不复杂，也与21世纪头十年美国房地产泡沫没有任何直接联系。麦道夫在2009年3月的法律证词中承认，他的方法是将客户的钱存入银行，当他们希望提取资金时，他就动用"属于他们或其他客户的银行账户中的钱来支付所请求的资金"（Reuters，2010）。尽管如此，这种极端的欺骗——毕竟是170亿~200亿美元的问题——只是正在发生的欺诈行为的冰山一角。的确，最富有的人中有不少骗子。

我们可以看到，在美国，从平均水平和长期来看，无论是小储户还是集体储蓄基金或养老基金都没有能力通过投机实现利润。它们无法获得优于市场本身变动的资本收益（Malkiel, 1995；Odean, 1999）。对于那些为了退休储蓄而将积蓄投资股票的员工来说，股票奇迹并不存在。新古典金融理论将此视为金融市场有效的证据：它的基本定理规定金融市场不存在套利的可能性。（Ross, 2009, p.1）换句话说，金融报酬的水平始终与相关资产的风险程度和期限相同。简而言之，不存在保证自我致富的"货币机器"，例如以较低利率借款并以较高利率放贷。然而，这正是套利交易所需要的，因为它包括以低利率借入一种货币，以便以较高利率投资于另一种货币。这种做法既有利可图又普遍存在。这是标准金融理论无法解释的一个谜，即使它考虑到了与罕见但突然的汇率变动相关的风险。

当然，现代金融的新古典理论家认为，小股东的行为是不稳定的。但在他们看来，因后者失误造成的突变会立即被更聪明的金融参与者纠正，后者能够击败市场。也就是说，对冲基金赚的钱比平均市场波动要多得多。据说，这些基金的优势在于规模小、薪酬高的团队："汇集了数学家、物理学家和计算机专家的最强大军队。"（Landier et Thesmar, 2008, p.29）的确，对冲基金动用了可用的一切手段。例如，在21世纪10年代初，他们开始效仿精英运动员使用的个人辅助软件，以达到

第一章　超越贪婪

以下目的：

> 帮助基金经理确定何时表现最佳。他们是否会在早上喝完两杯咖啡后做出最佳交易？他们在安静的房间里独自工作是否比在人声鼎沸的大型开放式办公室中工作得更好？或者他们在吃完液体午餐后是否精力充沛、受到启发，准备做出最好的决定？(Oakley, 2013)

然而，新古典理论家的方法常常忽视了一个基本层面。就像在顶级运动中一样，不惜一切代价追求表现的必然结果就是作弊。拥有最好的分析方法、最了解金融动态，这些对于成功开展业务无疑至关重要。然而，我们也可以采用古老的"抱抱熊方法"（Huggy Bear method）。* 即使这种做法是非法的，但获取私人信息往往是一个人在金融市场上发财的关键，尤其是在几乎不可能被抓的情况下。对冲基金就像它们关联的大型商业银行，通常能够从独家获取的信息中受益，从而能够击败市场。关于金融市场信息有效假说的研究已让众多诺贝尔奖得主脱颖而出，但其实是不完善的信息推动了金融业的发展。②

伯尼·麦道夫（直到最近他还在担任纳斯达克的非执行董

---

* 作者引用的这个典故来自20世纪70年代的美国电视剧《最佳拍档》(*Starsky and Hutch*)，片中由安东尼奥·法加斯（Antonio Fargas）饰演的秘密线人外号"抱抱熊"（Huggy Bear），是一个游走在黑白两道之间提供独家情报的酒吧经营者。——译者注

② 与金融市场有效假说相反，格罗斯曼 - 斯蒂格利茨悖论（the Grossman - Stiglitz paradox）认为，如果从信息的角度看市场是高效的——如果所有相关信息都包含在市场价格中，那么没有任何代理人有动机去获取作为价格基础的信息。然而，如果没有人去搜寻这些信息，那么市场主体之间的互动就不可能揭示这些信息。

事）被判在布特纳联邦监狱（Butner Federal Correction Complex）服刑150年。他毫不含糊地解释道，内幕交易"一直存在于市场中，但很少被起诉"（Madoff，2012）。内幕交易罪包括参与拥有非公开信息的股票交易。"抢先交易"是指利用自己对客户过去指令的了解，在这些指令之前、同时或紧随其后进行对自己有利的操作。

虽然从定义上讲很难评估这些做法的程度，但一项实证研究证实了它们的存在。蔡芳的研究调查了1998年9月2日—10月15日期间芝加哥期货交易所（芝加哥专门从事期货交易的市场）的国债期货交易（Cai，2003）。这一时期正是长期资本管理公司（LTCM）对冲基金倒闭和被救助的时期。在许多方面，长期资本管理公司事件预示了2008年金融危机期间遇到的问题。该基金的董事会使用复杂的数学方法进行运作，这在很大程度上与衍生产品有关。董事会成员包括迈伦·斯科尔斯（Myron Scholes）和罗伯特·默顿（Robert Merton），这两位经济学家因为金融理论方面的贡献，尤其因为确定了衍生产品价值而于1997年获得诺贝尔经济学奖。长期资本管理公司还与纽约证券交易所的主要投资银行关系密切。由于担心长期资本管理公司破产后会产生连锁反应，纽约联邦储备银行组织了一次救助行动，美国和欧洲的15家主要银行参与了这次行动。

到了1998年夏末，长期资本管理公司的财务困难已广为人知。同样众所周知的是，该基金大量押注美国国债下跌。但长期资本管理公司的不幸在于，国债价格大幅上涨。为了避免巨额损失并减少这种不利风险，长期资本管理公司别无选择，只能在期货市场上购买大量债券。考虑到涉及金额之大，这些交易对股价产生了重大影响。蔡芳的研究成功地识别出由长期资本管理公司发出并通过贝尔斯登公司（Bear Stearns）中介执行的订单。这表明，负责执行长期资本管理公司订单的代理人并没有同时以自己的名义下订单，以此从中获利。因此，不存在严格意义上的抢先交易。这或许是因为代理商不想违反期货市场监管机构制定的规则，也因为它们想保持与给长期资本管理公司下订单的贝尔斯登公司的良好关系。但确实存在更广泛意义上的抢先交易。当时的期货市场是一个公开喊价市场，交易商可以通过解读负责长期资本管理公司运作的代理人的声音、肢体语言和手势，从而在长期资本管理公司发出指令之前为自己的账户下达指令。这种信息优势表现在数据上：在与长期资本管理公司相关的交易发生前一到两分钟内，交易量出现了异常，这加剧了基金的损失。蔡芳的研究向一种假设发起了挑战。该假设认为，使金融市场在微观层面发挥作用的代理人不具备信息优势。但其实，即便在最开放的公开市场中也存在这种类型的不对称。

2008 年金融危机爆发后，几起丑闻证实，这一问题不仅限于市场交易大厅的操作人员——远非如此。这些丑闻揭露了大型银行和对冲基金如何利用它们的信息优势。因此，2013 年，赛克资本（SAC Capital，一家专门从事证券市场的对冲基金，规模达150亿美元）被判犯有内幕交易罪，在了解到阿兹海默征治疗试验失败后，赛克资本大规模抛售了惠氏（Wyeth）和埃兰（Elan）两家制药公司的股票（Scannell, 2013）。

在"算盘丑闻"（the Abacus scandal）之后，高盛（Goldman Sachs）含蓄地承认自己参与了各种形式的幌子交易。"算盘"是一个复杂产品的名称，是保尔森公司（Paulson & Co.）对冲基金在2006年创造的次级房地产信贷衍生产品。高盛将它出售给机构投资者，总价超过100亿美元。2007年，又是保尔森公司为新版"算盘"产品挑选贷款。由于对冲基金可以自由选择最脆弱的产品，因此它特别清楚这些产品会崩盘。因此，它对这些证券的下跌下了一个巨大的赌注。然而，高盛并没有告知客户保尔森公司确实是选择相关贷款的幕后黑手，更没有告知客户高盛已经建立了押注这些贷款价值下跌的仓位。这个案例很好地说明了，复杂的商业银行/对冲基金如何以牺牲其他参与者（在这个案例中是养老基金和其他银行）的利益为代价来主导金融。德国工业银行（IKB）是一家专门为中小企业提供长期融资的德国银行，当时为部分国有，它不得不在2007年8月接受公共资金的救助。

在这起事件中，高盛宁愿与美国证券交易委员会（SEC，美国的金融市场委员会）达成协议，支付5.5亿美元的罚款，也不愿接受审判。这笔罚款相当于该银行当年约14天的利润。与此形成鲜明对比的是，直接负责该产品的交易员法布里斯·

图尔（Fabrice Tourre）于 2013 年夏天被起诉并被判有罪。作为调查的一部分，他的私人电子邮件被披露，这非常有价值，因为它记录了直接参与制造次贷危机的代理人的心态。2007年初，在危机爆发前几个月，这位年轻的交易员写道，他"站在所有这些复杂、高杠杆、奇异的交易中间，（他）创造了这些交易，却不一定了解这些怪物的所有含义！！！（原文如此）"。他意识到"可怜的次贷借款人撑不了多久了"，尽管如此，他还是"向寡妇和孤儿"出售债券。不过，具有讽刺意味的是，他表示自己"对此并不感到太内疚"，毕竟"这份工作的真正目的是提高资本市场的效率，并最终为美国消费者提供更有效的杠杆和融资方式"（Goldman Sachs，2010）。

在短短几行字中，图尔直截了当地证明了金融市场有效假说的主要优点——它为那些掌握市场的人带来巨额收入的操作提供了正当理由。此外，"算盘"一案还表明，大型投资银行和对冲基金的作用显然不仅限于纠正市场扭曲，它们还以组织财富转移的方式制造这些扭曲。尽管关于市场有效的论述滔滔不绝，但我们得出的结论却平平无奇：那些处于世界金融体系中心的机构利用并滥用它们的地位和掌握的独家信息来赚钱。

除了这些具有启发性的案例之外，世界上最大的银行被揭露协同操纵两个重要的金融市场——货币市场和外汇市场，影响了金融体系的根本基础。在第一个案例中，丑闻与对伦敦银行同业拆放利率（LIBOR）的操纵有关。在 2005—2009 年期间，主要银行通过低估有效利率来掩盖其脆弱性。更妙的是，价值数十万亿美元的合同都与伦敦银行同业拆放利率挂钩，大银行可以通过利用这些微小的差异来获得可观的经济收益，而它们已经这样做了二十多年（Keenan，2013）。第二个案例涉及最重要的金融市场，也就是日交易量约为5.3万亿美元的货币市场。通过在极短的时间内（不到几秒钟）进行协调运作，大银行能够操纵主要货币的汇率，使其对自己有利（Schäfer et Binham，2013）。

"灵活"的道德风险

这些丑闻无疑暂时促成了金融市场的合理化，并可能改善了金融市场运作，但它们并没有从根本上挑战这些市场。因此，重要的是要说明，即使贪婪和不诚实在危机中确实起到了重要作用，但对复杂金融产品的狂热和金融泡沫也不能归结为个人道德或不负责任的问题。但乍一看，次贷机制似乎提供了支持这一论点的证据。

就在金融链条的底部，我们发现了向家庭出售的房地产信贷，这些债务是衍生产品的原材料，并助长了泡沫。证券化的急剧兴起使得信贷分销与信贷风险分离成为可能。那些在家庭中分配信贷的人在金融市场上转售债务，此时他们通过支付佣金获得报酬。一旦转售完成，他们就不再与借款人有任何联系，因此他们犯不上担心后者偿还债务的能力。信贷证券化导致对借款人财务状况的调查放松（Keys et al.，2010）。一般来说，借款人必须拥有资产和/或固定收入，但在 21 世纪头十年的美国，"忍者"（NINJA）贷款大量增加，也就是向"无收入、无工作、无资产"（no income, no job, no assets）的人提供的贷款。传统的信贷渠道已经饱和，机构投资者又对衍生产品趋之若鹜，于是银行开始寻找新的客户。对于借款人来说，所提供的选择相当诱人，你们自行判断：某些合同不会对借款人的资产进行任何检查；在头十年，借款人只需偿还利息；如果他们增加了债务总额，他们每月支付的金额也可以少于偿还利息和本金的相应金额（Pearlstein，2007）。除此以外，拥有住房还使人们能够获得更多的消费信贷。

加上积极的营销，这些有利的信贷条件使相当多的低收入家庭进入了与房地产相关的金融闭环。因此，在美国，拥有自己住房的家庭比例从 20 世纪 90 年代中期的 64% 上升到 21 世纪头十年中期的 69%，并推高了房价。信贷的发行很轻率地基于价格的持续上涨无论如何都能在违约情况下弥补损失的假设（通过丧失抵押品赎回权）。至此，我们得出了对该问题的根本解释。此类贷款是"道德风险"的典型例子，代理人承担了过高的风险，但没有完全承担后果。代理人鼓励银行家和经纪人不断提供贷款，因为他们在证券化链条的各个层面都收取佣金，同时通过在市场上出售这些证券来完全抵御风险。

当然，这样的制度不可持续。一系列的违约事件导致 2013 年房主比例回落至 65%，数以百万计的家庭在债权人的追债下不得不放弃房屋。少数人选择对抵押贷款进行战略性违约。由于价格暴跌，停止偿还贷款并租房变得越来越有利。① 亚利桑那大学的一位房地产专家表示，对于2009—2010年间的许多家庭来说，这是最有利的选择，但他们普遍排除了这种选择，因为"我们有双重标准……个人被告知他们有偿还抵押贷款的道德义务，公司则明白，如果不符合经济效益，就应该选择违约"（*Business Insider*，2010）。因此，道德风险的分配是不平等的。虽然那些出售信贷的人可能会表现得不负责任，发放他们有充分理由认为无法偿还的贷款，但出于道德原因，负债家庭往往不会考虑拖欠对他们不利的抵押贷款。

毫无疑问，"灵活"道德风险的观点是有根据的。法布里斯·图尔的电子邮件充分证明，除了高盛的特殊案例，大银行也试图限制它们对次贷证券的风险敞口，有时甚至押注次贷证券会崩盘，即使它们继续向机构投资者出售次贷证券。摩根大通（JPMorgan）在危机中取得了胜利。在吞并了两家濒临破产的竞争对手后，摩根大通成为美国最大的银行。然而，2013年，摩根大通因欺诈、隐瞒损失以及在执行反洗钱程序方面的不足而面临多项行政调查。调查还涉及摩根大通未向监管机构表明其对麦道夫业务的怀疑。在此，仅就裁决产生的创纪录罚款（超过130亿美元）而言，有两起诉讼特别引人注目（Scannell et Braithwaite，2013）。第一起诉讼涉及程序错误和

---

① 尽管如此，由于乔治·W. 布什（George W. Bush）在2005年签署的法律对个人破产做出了更严格的规定，因此与前任政权相比，他们的选择余地要小得多。

违规行为，导致成千上万的房屋被无端丧失抵押品赎回权。第二起诉讼涉及在危机期间，银行继续出售包含贷款的证券化产品，即使它知道借款人处于违约的边缘。然而，由于该事件已庭外和解，因此很难了解更多有关该事件的信息（Eisinger，2013）。2005年，摩根士丹利（Morgan Stanley）的经理们开始意识到出了问题。一位员工提到了一位借款人的案例，该借款人自称是塔罗牌占卜公司的"运营经理"（原文如此）、月薪1.2万美元。这位员工得出结论认为，让他的公司将贷款转为证券毫无意义。到了2006年初，摩根士丹利已经对房地产市场下定了决心，决定对它正在转让给客户的证券的价格下跌进行投机。到了2007年，这家银行开始戏谑起来。团队想为一种次贷衍生产品命名，该产品被宣传为"比AAA更安全"，于是他们想出了"迈克·泰森的出拳""核大屠杀""杀手""次贷崩溃"或更直白的"一坨屎"等名称。*

自我陶醉

金融参与者掉入了自己的陷阱。危机确实发生了，大银行受到了冲击。如果中央银行和各国政府没有采取强有力的干预措施，它们早就消失了。全部消失。一些比较脆弱的银行被竞

---

* 在金融领域，AAA通常指的是最高信用评级，表示极低的违约风险。因此，说某个产品比AAA级别还要安全，意味着声称该产品的风险非常低，几乎没有违约的可能性。——译者注

争对手廉价收购。其他银行则迅速摆脱了困境，尽管这要归功于公共当局采取的行动。与所有主要金融中心一样，巴黎也受到了相当大的冲击。我们回顾一下，法国兴业银行将 50 亿欧元的损失归咎于热罗姆·凯尔维尔（Jérôme Kerviel），或者归咎于松鼠储蓄银行和法国人民银行的紧急合并，合并的目的是巩固其投资分行法国外贸银行，该银行的股票在 2007—2009 年间贬值了 95%。由此可见，大银行并没有预料到这场灾难。

2008 年 9 月 15 日，雷曼兄弟（Lehman Brothers）的倒闭标志着危机的关键日期。这家历史悠久的机构成立于 19 世纪中叶，是美国第四大投资银行，它的破产引发了众所周知的金融地震，使完全瘫痪的世界金融体系濒临深渊。雷曼兄弟首席执行官兼董事会主席理查德·富尔德（Richard Fuld）在接受美国国会金融危机调查委员会的质询时悲叹道，他的银行最终是当局允许倒闭的唯一银行。他还对导致这一结果的事件给出了自己的解释：

> 雷曼兄弟的灭亡由不可控的市场力量造成……回顾过往，雷曼兄弟是在资本积累巨大、流动性和资产融资容易获得的时期发展起来的。在此期间，雷曼兄弟的盈利能力和资产负债表也相应增长了。

2007 年，当美国房地产市场开始出现疲软迹象时，雷曼兄弟及其许多竞争对手已经在被认为流动性较差的资产上积累了大量头寸。许多市场观察家，包括负责金融市场监管的政府官员，相信次级住房抵押贷款市场的问题已经得到遏制，也将会得到遏制。

回顾过往，人们现在可以看到，随着2007年的发展，美国房地产市场的疲软程度比预期的更严重，并蔓延到了金融体系的其他部门（*Wall Street Journal*，2010）。

富尔德否认他个人对此负有任何责任，而是指出，面对金融体系的脆弱性，存在集体的盲目性。在经济繁荣时期担任美联储主席的艾伦·格林斯潘（Alan Greenspan）也以一种更加个人化的方式承认自己也犯过类似的判断失误："我们这些寄希望于贷款机构的自身利益来保护股东权益的人（尤其是我自己）都感到震惊和难以置信。"（*Wall Street Journal*，2008）我们或许认为这样推卸自己的责任有点简单化，但我们没有理由认为贪婪可以在某种程度上消除盲目性。

危机更多是由错误的信念而非蓄意欺诈所致吗？各种基于经验的著作都支持这种观点。例如，一项特别有启发性的研究提出了以下问题：那些处在金融房地产综合体核心的人，他们负责证券化，因此对房地产市场的状况和正在形成的泡沫了如指掌，但他们是否做出了更明智的投资选择？研究报告的作者研究了银行、投资基金和抵押贷款公司中负责证券化的400名代理人的房地产投资行为。他们将这些代理人的行为与其他代理人的行为进行了比较，这些代理人都很富有，但他们要么是大公司的金融分析师（一组样本），要么是与房地产行业无关的律师（另一组样本）（Cheng，Raina et Xiong，2013）。结果很能说明问题。从事证券化工作的代理人并没有预见到泡沫，他们在房价下跌之前比其他代理人卖出更多的房子；他们没有采取更谨慎的做法，以限制购买新房；他们也没有让自己比其他人更容易致富。我们发现情况恰恰相反。这表明，与泡沫的产生牵连最大的人特别容易产生错误的信念。

我们可以从中得出两个结论。首先，华尔街的核心人物并不是理性和无所不知的"经济人"（homines œconomici）*，他们并不比别人强。认知偏见（夸张的乐观主义、灾难面前的盲目性、因循守旧）是他们作为专业人士做出个人决定的依据。其次，由此推论，金融的不稳定性并不是一个道德问题，并不是通过改变行业内个体从业者的激励机制（例如对交易者进行经济处罚）就能调节的。相反，问题在于允许和鼓励这种行为的自由化金融框架本身。

衍生产品工厂：居于经济理论的表演性与政治意识形态工作之间

金融自由化从何而来？它是金融部门多重转型的结果，与国家政策决策、国际背景的发展以及技术和组织创新相关。我们先以衍生产品为例。衍生产品是某些经济参与者通过将风险转移给投机者来保护自己免受资产价格变化影响的工具。后者

---

* "经济人"的概念来自经济学和心理学假设，它假设人的思考和行为始终理性并利己，并尽可能地使他们追求的目标利益最大化。——译者注

则希望通过正确预测价格走势来获利。投机性尤其有吸引力，因为除了价格的变化，这些金融产品完全脱离了相关资产的特征（Miller，1999）。由于持有衍生产品就等于持有金融敞口（仅持有对资产未来回报的预期），这便意味着金融力量的崛起。这种崛起甚至在"力量"一词的数学意义上都成立，衍生产品的激增对应着一种"金融的平方"。衍生产品的合同允许参与者在不投入大量资金的情况下承担最大的风险敞口（Bryan et Rafferty，2006，p. 136）。例如，当你预计油价会上涨，你可以花100欧元买1桶石油储存起来。你也可以购买石油的衍生产品，这样只需花几欧元就可以下同样的赌注。换句话说，衍生产品提供了一种可能性：你可以用购买1桶石油所需的金额，对25桶石油的价格走势进行风险投资。与购买实际资产相比，这就降低了价格变动的成本，从而使投机成本大大降低。

通过复杂的衍生产品，风险行为在整个金融体系中扩散和蔓延，这一事实解释了为什么次贷市场上的同步逆转导致了系统性金融危机。这些产品的发展（我们将在第四章再次讨论）非同寻常。在20世纪70年代初，这些产品的价值还可以忽略不计，但到了1987年，它们的价值就达到了8 650亿美元，到了21世纪头十年末，它们的名义价值达到了6 850万亿美元。衍生产品的巨大增长与芝加哥期权交易所（CBOE）密切相关。该市场于1973年开业，是最早的现代衍生产品市场之一，也是后来在伦敦、法兰克福和巴黎出现的衍生产品市场的原型。在一篇出色的论文中，麦肯齐（MacKenzie）和米洛（Millo）展示了经济理论在特定历史背景下的表现形式，以及市场参与者对经济理论的动员和利用如何引发具有强大影响力的经济运作。

衍生产品——无论是期货还是期权①，都是19世纪金融业不可或缺的一部分。然而，到了20世纪60年代，这些产品几乎仅限于芝加哥农产品的衍生产品，在成立于1848年、历史悠久的芝加哥期货交易所（CBT）及其竞争对手芝加哥商业交易所（MERC）内进行交易。农产品衍生产品行业的范围更窄，因为当时的价格受到国家的严格控制，从而减少了价格波动，限制了金融覆盖面。衍生产品被边缘化，既有历史原因，也有道德原因。美国的金融监管仍然带有浓重的1929年的记忆，仍然敌视衍生产品，因为衍生产品与导致大危机的投机浪潮有关。其中一些合约还受到某种道德谴责，因为它们被视为赌博。因此，1905年最高法院的一项裁决禁止所有不与某种有形资产挂钩的期货合约。这就禁止了任何只能通过现金交换变现的合约，如股票指数期货合约。

因此，该行业的前景似乎相当黯淡。然而，芝加哥衍生产品市场的领导者开始努力清除阻碍这些产品开发的制度障碍。为此，他们聘用了华盛顿政治机构中的资深人士。1969年尼

---

① 期货是一方承诺在某一特定日期以事先确定的价格从另一方购买一定数量的特定资产的合约。相关资产可以是原材料，但也有金融工具期货，甚至股票指数或利率期货。期权是在固定日期以固定价格购买或出售特定资产的合约，但所有者没有行使期权的任何义务。

克松上台后，他们动员经济学家进行研究，说服新政府和美国证券交易委员会授权开放专门从事金融衍生产品的市场。1968年，三位普林斯顿经济学家起草了一份报告并得出结论：期权扩大了投资者的策略范围，因此是有益的，"就如同行人携带雨伞，是一种优势"（MacKenzie et Millo, 2003, p.114）。

三年后，另一份报告发挥了更重要的作用。时任芝加哥商业交易所董事的利奥·梅拉梅德（Leo Melamed）向一位采访者讲述了事情的经过：

> 我在（1971年）7月会见了（弗里德曼），我说："我想推出一个货币期货市场，你认为这是个好主意吗？"他说："这是个好主意。"他进一步解释说："这是个非常好的主意。我不知道它多久能有望成功，因为（汇率）是固定的，但过不了多久就不再固定了。你必须抢占先机。这是个好主意，去做吧。"我说："没人会相信我。"于是他说："告诉他们是我说的。"我说："我需要书面材料。"他说："你想要一份可行性研究说明为什么货币会成为一个好的期货市场，对吗？"我说："没错。"他说："我是一个资本家。"我说："多少钱？"于是，这项研究花了我们7 500美元，而这7 500美元如今对芝加哥商业交易所来说价值约180亿美元。这是一笔不错的交易。那是在7月。到了8月，尼克松关闭了黄金窗口，然后一切都乱套了，我知道固定汇率不会长久。……

总统、财政部长、央行行长们本来不会允许我们靠近他们的大门，但他们却为我们打开了大门。这真是神奇！我会见了财政部长乔治·舒尔茨（Georges Shultz），并把弗里德曼的论文（提前）寄给了他。他只说了一句话："只要弗里德曼觉得行，我就没问题。"他的名字很有魔力。发布会后，我会见了欧洲的每一位央行行长，得到了同样的信息——伟大的经济学家米尔顿·弗里德曼（Milton Friedman）认为这是一个好主意。它成功了（Melamed, 2012）。

1977年诺贝尔经济学奖得主米尔顿·弗里德曼是芝加哥学派的领袖。他在打破凯恩斯主义霸权方面发挥了关键作用。他的论点相当简单，就基于一种想法，即国际金融秩序的变革将催生对冲各种变革风险的强劲需求。弗里德曼认为：

为了促进对外贸易和投资，最好能有一个尽可能广泛、深入和有韧性的外币期货市场来满足这种需求。这样一个更广泛的市场肯定会应运而生。主要的未决问题是"在哪里"。美国是一个天选之地，在这里发展将非常符合美国的利益。它在这里发展将带动本国其他金融活动增长，既能提供服务出口的额外收入，又能缓解执行货币政策的问题（Friedman, 2011, p. 641）。

因此，经济学为衍生产品市场的建立提供了决定性的理由。但是，经济学本身并没有实现这一点。需要有一个背景（布雷顿森林货币体系的解体）来证明这样做是有意义的，接着还需要集体行动。动员起来创建衍生产品市场的人们的动机并不来自那些严格意义上的理性、自利的"经济人"。相反，他们的动机由一个群体构建，在这个群体中，直接和重复的互动使合作成为可能，也能惩罚那些试图脱离这个群体的人（Ostrom，2000）。梅拉梅德解释了他对小型衍生产品市场社群推动的项目投资，并提出了一个相当具有讽刺意味的观点——超越个人利益的动员。他回忆起父亲参与东欧犹太人的社会主义政党"立陶宛、波兰和俄罗斯犹太工人总联盟"（Bund）的经历（Melamed et Tamarkin，1996，pp. 20-26），且充满钦佩，并解释说，是父亲教会了他"为整个社会工作。我的父亲向我灌输了这样一种思想：将自己与一种思想、一场运动或一个团体联系在一起，就能获得永生"（MacKenzie et Millo，2003，p. 116）。

梅拉梅德的事业在20世纪70年代取得了关键胜利，衍生产品的监管限制放松了，但直到20世纪80年代和90年代，衍生产品的使用才开始普遍化，包括其他资产（如债券）和其他领域。在1984年的法国，经济与财政部长皮埃尔·贝雷戈瓦（Pierre Bérégovoy）及其首席幕僚让-夏尔·纳乌里（Jean-Charles Naouri）发起了放松金融管制的倡议，结果在1986年2月，法国国际期货交易所（MATIF）和次年的巴黎期权交易所（MONEP）先后开业。这两个市场在21世纪头十年初并入了伦敦国际金融期货交易所（LIFFE）。

地域扩张和合格资产范围的扩大是21世纪头十年衍生产品爆炸式增长的先决条件。吉莉安·泰特（Gillian Tett）为英国《金融时报》追踪这一领域，她在一篇冗长的研究中讲述了这段历史（Tett，2010）。[①] 重要的是，她说明了在20世纪90年代初，美国当局开始担心衍生产品日益强大，尤其担心银行没有义务为这些活动提供资本。1992年，具有坚定自由主义信念的摩根大通前董事、总经理伊恩·布里克尔（Ian Brickell）担任国际掉期与衍生工具协会（International Swaps and Derivatives Association）的领导职务，他的目标是抵制监管机构的任何干预。[②] 三十人小组（Groupe des 30）是一个非常有影响力的经济学和货币政策智囊团，当时由美联储前主席保罗·沃尔克（Paul Volcker）领导，他们责成布里克尔起草一份报告，旨在影响这一主题的政策。这份由摩根大通金融衍生产品团队编写的报告于1993年问世，内容卷帙浩繁。该报告一方面建议根据现有的历史数据评估风险（风险价值），

[①] 更多的衍生产品历史的学术研究也强调经济理论的执行维度和这些市场上主要参与者的政治成果，二者相互交织。参见 Carruthers（2013）；Huault et Rainelli – Le Montagner（2009）。

[②] 大型投资银行与监管机构之间的紧密关系在自由化金融制度架构的构建中发挥着至关重要的作用。三十人小组汇集了各国央行行长、学者和银行高管，那里是国际金融监管发生的关键场所。通过权威报告中提出的技术建议，它成为监管机构与私人金融游说团体（如国际掉期与衍生工具协会和国际金融研究所）之间的沟通渠道。相关论点参见 Céline Baud（2013，Chapitre 3）；Tsingou（2014）。

另一方面建议根据证券市场的价格评估参与者的日常风险（按市价计算）。但报告的主旨是呼吁允许该行业进行完全的自我监管，并试图证明该行业本身有能力通过制定和采用自己的规范来加强稳定性。正如布里克尔所希望的那样，报告中高度详尽的技术细节给有关当局留下了深刻印象，并阻止了他们控制此类活动的任何意图。在整个20世纪90年代，布里克尔一直在大力游说，与所有希望对该行业进行监管的人——尤其是国会中的人展开了无情的意识形态斗争，并在布什和克林顿执政期间扩大了他在政府机构中的联盟。他是如此成功，以至直到2007年金融危机爆发之前，这个问题一直没有出现在政治议程上。

在金融自由化的每个阶段，经济学家的研究都起到了合法化的作用。这种密切联系并非没有道德问题，因为相关经济学家往往与推动自由化有着直接的利益关系。查尔斯·弗格森（Charles Ferguson）的电影《监守自盗》（*Inside Job*）就给我们上了一课。该片举例指出，拉里·萨默斯（Larry Summers），这位哈佛大学前校长、克林顿政府前财政部长兼奥巴马总统的顾问，在整个21世纪头十年不遗余力地为金融自由化辩护，在此期间，他与金融业的关系为自己带来了2 000多万美元的收入。金融危机爆发后，一项针对19位知名金融经济学专家的研究表明，他们中的大多数人除了在大学任职之外，还与私营部门有关联，但从未公开披露（Carrick - Hagenbarth et Epstein，2012）。在法国，也有一些研究针对"拿钱办事的经济学家"（Lambert，Lordon，et Halimi，2012；Gadrey，2009；Lordon，2012；Mauduit，2012）。同样，虽然确实存在利益冲突，但这并不是关键所在。一旦我们打开了自由化金融的"潘多拉魔盒"，就不可能半路止步了。

第二章

金融的不稳定性

第二章 金融的不稳定性

信贷增长是资本主义的致命弱点。

——詹姆斯·托宾（James Tobin，1989）

什么地方出了错？一言以蔽之，明斯基（Minsky）* 是对的。

——马丁·沃尔夫（Martin Wolf，2008）

酝酿已久的金融危机在 2007 年爆发。8 月 18 日，《华尔街日报》援引了一位经济学家的名字，这位经济学家现已成为《华尔街日报》的忠实读者：

> 最近的市场动荡震撼了全球的投资者，但有一个人的股票却因此大涨。他是一位鲜为人知的经济学家，他的观点突然变得非常流行。十多年前去世的海曼·明斯基在他职业生涯的大部分时间里都在宣传一种观点——金融体系天生容易受到投机行为的影响，如果投机行为持续足够长的时间，就会以危机告终。当许多经济学家开始相信市场的效率时，明斯基先生因强调市场的过度和动荡趋势

---

* 明斯基指美国经济学家海曼·明斯基（Hyman P. Minsky，1919－1996）。——译者注

而被视为激进分子。今天，经济学家和交易员试图了解市场正在发生什么，而明斯基的观点正在从纽约飘荡到香港（Lahart，2007）。

其实，这位后凯恩斯主义者的名字已经在银行经济学家中间流传了几个月。3月，乔治·马格努斯（Georges Magnus）为瑞银集团发表了一份研究报告，问道："我们是否已经到了明斯基时刻？"（Magnus，2007）《金融时报》、《卫报》和《世界外交论衡》分别撰文介绍了这位利维研究所（Levy Institute）经济学家的分析。此后，非正统经济学家们纷纷引用明斯基的名字，试图为自己对危机的阐释辩护，以对抗学科中的主流偏好。要理解对明斯基的这种狂热，同时找出他的方法的局限性，我们就必须首先概述他的金融不稳定性假说。

金融的内在不稳定性

金融市场与商品和服务市场截然不同。虽然在正常情况下，价格上涨会削弱实体经济的需求，但金融证券的情况通常相反：价格上涨越多，这些证券的需求就越大。反之亦然。在危机期间，价格下跌会引发抛售，从而加速价格崩溃。金融产品的这种特殊性是由于，它们的购买（与任何使用价值无关）符合纯粹的投机理由，目标是通过在以后的某个时候以更高的价格转售它们来获得剩余价值。因为对不可避免的逆转灾难视而不见，代理人承担了越来越多的债务，以购买正在形成泡沫的资产。此外，由代理人预期推动的、自我维持的价格上涨会被信贷进一步夸大。负债使价格上涨，而由于证券可以作为新贷款的对应物，其价值的增加使代理人可以承担更多的债务。从17世纪的荷兰郁金香事件（Galbraith，1994）到次贷危机，我们在大多数投机事件中都发现了同样的机制。前者的投机对象是郁金香球茎，后者的投机对象是住宅物业。

金融不稳定性假说使我们能够将这些投机动力纳入对经济周期的理解中。明斯基的出发点是认识到资本主义经济会经历加速和通货膨胀时期，以及陷入通货紧缩螺旋时期，债务变得不可持续。20世纪60年代和70年代对应第一种动力，而30年代（典型地）对应第二种动力，符合经济学家欧文·费舍尔（Irving Fischer）在1933年的描述。当经济参与者为了按期偿还债务而被迫以折扣价出售手中的资产时，就会出现后一种动力。这带来了价格的普遍下行和收入的减少，最终导致债务相对于收入的比重增加。这反过来又引发了一种自我维持的萧条运动，只有国家干预才能打断这种运动。

明斯基认为，这种周期的交替不能仅用实际宏观经济关系的作用来解释。后凯恩斯主义传统沿袭了米哈尔·卡莱茨基（Michael Kalecki）的观点，认为在宏观经济层面上，公司的利润来自它自身的投资决策（"资本家花多少钱，就要赚多少钱"）。明斯基本人也采纳了这一假设，但他认为必须将金融关系考虑在内，使之复杂化（Minsky，1993）。过去、现在和未来不仅通过积累的资本和劳动能力联系在一起，还通过信贷联系在一起：

> 资本主义固有的不稳定性是由于利润依赖投资，企业债务的确认依赖利润，投资又依赖外部融资的可用性。但融资的前提是：先前的债务和为资本资产支付的价格由利润来验证。资本主义是不稳定的，因为它是一个金融和积累系统，有昨天、今天和明天（Minsky，2008，p.327）。

信贷关系远非如此简单，因为银行家和金融中介机构与其他资本家如出一辙，他们都是资本家。因为他们相互竞争，并寻求利润，所以他们必须不断创新。这就形成了一个复杂的金融机制网络，将财富的最终拥有者与控制和利用这些财富的企业管理者分离开来。金融日益复杂化的趋势导致了三种可能的收入与债务关系体系。第一种情况是，经济参与者的收入足以偿还债务，因此金融关系是稳固的，不会对经济的整体再生产造成任何问题。第二种可能是投机关系的建立，在这种关系中，一些经济单位的债务不断滚动（它们只能偿还利息，而不能偿还本金）。这样的结构会产生脆弱性，稍有困难就有可能使情况陷入第三种可能——庞氏结构的发展趋势，收入流量不足以偿还债务的本金或利息。结果，债务只会增加，最终导致破产。

第二章 金融的不稳定性

经济的稳定性在很大程度上取决于这三类融资关系各自所占的比重。明斯基之所以在后世享有一定的声誉，是因为他强调，在长期繁荣时期，经济会逐渐演变为一种使系统不稳定的融资结构。从收入覆盖的金融关系占主导地位开始，到投机性金融活动越来越重要，再到庞氏系统，以至于少数代理人的不可战胜性最终会引发资产价格的崩溃。如图2-1所示，在相对稳定的时期，对利润的追求会导致金融创新的发展，加速信贷流通，降低证券质量，从而不可避免地导致金融危机，甚至实体经济危机。资产价格下降与信贷收缩相互促进。陷入财务困境的代理人被迫以任何可能的价格出售所持有的资产。无法再获得信贷的公司裁员、减薪并降低产品价格。通货紧缩导致债务相对于收入的比重增加。因此，繁荣时期的负债变得越来越难以为继，并威胁到经济状况在此之前看似稳固的主体。

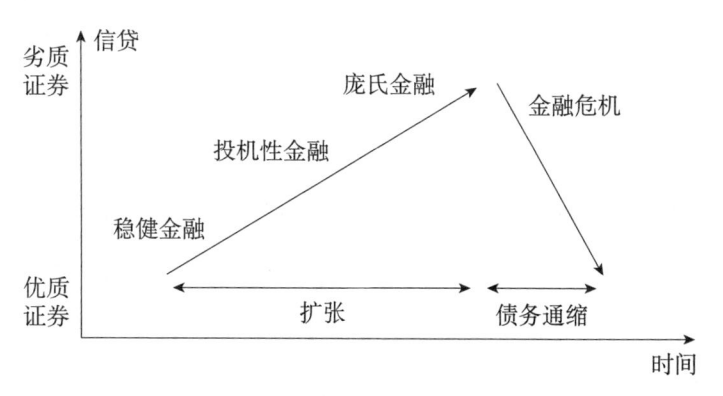

图2-1 金融不稳定性的简单周期

资料来源：作者根据明斯基的思想所做的阐述。

公共干预的悖论

金融危机并不总是导致20世纪30年代那样的经济崩溃（Minsky，1982，p.1996）。自第二次世界大战以来，主要资本主义国家的公共当局成功避免了新一轮大萧条。它们通过两个杠杆来做到这一点。其一，中央银行充当最后贷款人，以限制连锁反应式的破产，稳定金融市场；其二，国家允许公共赤字飙升，支持需求，以抵消投资和消费的下降，从而抵消利润的下降。诚然，近几十年来，从整体增长和就业率来看，富裕国家的经济表现并不令人乐观。2009年，全球创造的财富出现了自第二次世界大战以来的首次萎缩。欧洲甚至在2012—2013年再次出现财富缩水。但不可否认的是，经济政策成功地控制了经济崩溃。战后的所有金融危机，包括2008年的金融危机都得到了遏制，再没有出现像20世纪30年代那样残酷的大萧条。

因此，经济波动不仅是资本主义经济内部动力（无论是实体经济还是金融）的产物，它们还受到公共当局干预机制的影响。一方面，国家行动大大降低了利润下降的风险；另一方面，国家行动鼓励扩张阶段（Minsky，1993，p.4）。此外，政府当局还有助于确定金融市场的控制和组织。但最重要的是，监管机构也不能避免经济参与者时而陷入过度乐观的情绪。谨慎规则的放松使金融创新的速度加快。结果，稳定期越长，承担的风险就越大，监管越不能确保万无一失（Palley，2011）。

两个层面的公共干预包括货币和预算支出的管理以及金融的监管和监督，二者的相互作用使我们能够更好地理解近几十年来目睹的金融化浪潮。的确，公共当局对央行和国家预算遏制金融危机的能力越有信心，就越倾向于取消金融监管。与此同时，金融经营者越是知道中央银行会尽一切努力防止系统性风险成为现实，他们就越倾向于冒险。

图2-2体现了政府干预的悖论。"干中学"助长了系统性风险的扩大。随着危机管理能力的提高，金融参与者和监管者变得更加乐观，大萧条的记忆变得越来越遥远。这些期望鼓励金融创新和放松监管，这两者都导致金融体系日益复杂化。日益复杂的金融体系允许信贷扩张，但代价是证券质量下降。这反过来又导致了小规模的危机。然而，由于处理危机的能力提高，危机很快就被克服了。这种累积的动力产生了一个金融超级周期，在这个周期内，累积的风险变得越来越大。也就是说，投机性金融和庞氏金融的相对权重不断增加。而每发生一次金融危机，公共当局就不得不投入更大的精力来应对螺旋式的萧条（见图2-3）。

当代金融超级周期

如果从狭义的金融逻辑来看，2008年的金融危机可以解释为金融超级周期的结果。詹姆斯·克罗蒂（James Crotty）在

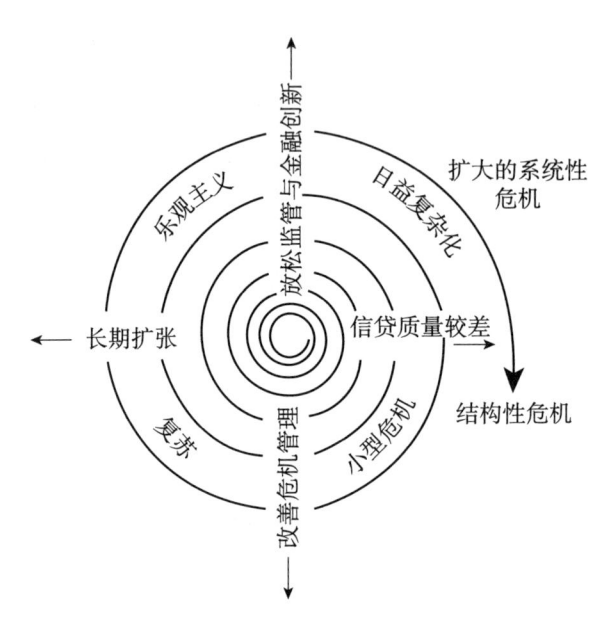

图 2-2 国家干预的悖论

资料来源：作者根据明斯基的思想所做的阐述。

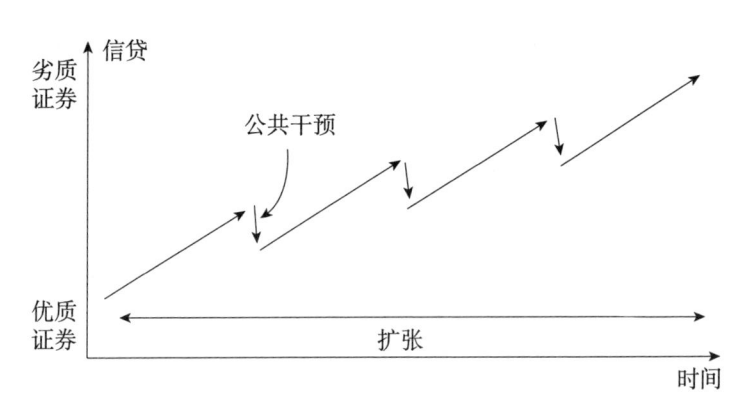

图 2-3 明斯基金融超级周期

资料来源：作者根据明斯基的思想所做的阐述。

《剑桥经济学杂志》（*Cambridge Journal of Economics*）中支持这一论点：

第二章 金融的不稳定性

虽然美国次贷市场的问题引发了当前的金融危机，但金融方面的深层原因在于现行金融体制中存在缺陷的机构和做法……（这种）新金融架构指现代金融市场与当时政府的轻度监管相结合。1980年之后，伴随着快速的金融创新，监管加速放松，刺激了强劲的金融繁荣，但每次都以危机告终。政府采取救市措施，使新一轮扩张得以开始。这些扩张又以危机告终，危机又引发了新的救助。随着时间的推移，相较于非金融经济的规模，金融市场的规模越来越大，重要的金融产品变得更加复杂、不透明和缺乏流动性，整个系统的杠杆率呈现爆炸式增长。因此，金融危机变得更具威胁性。这一过程最终导致了当前的危机，其严重程度已将全球经济推向萧条的边缘。对金融和经济崩溃的恐惧引发了前所未有的政府救援（Crotty, 2009, p.564）。

20世纪70年代以来，金融市场的发展是两种动力相互促进的结果。其一，对金融部门自律的信心打开了金融创新的闸门；其二，20世纪80年代"全球南方"国家的债务危机、1987年美国市场崩溃、1994年墨西哥危机、1998年亚洲和俄罗斯的危机以及2001年新经济体的危机等经验使人们认为当局能够控制灾难。

在很大程度上，美联储主席艾伦·格林斯潘在1987—2007年期间的所作所为使人们相信了这一点。1998年为拯救美国长期资本管理公司而采取的措施，以及2001年互联网泡沫破灭后的大幅降息，都让市场参与者相信，美联储总会采取干预措施来控制他们的损失。这种想法也与"格林斯潘看跌"（Greenspan put）的概念有关。"看跌"的概念借用了期权合约的词汇，强调中央银行对金融价值的隐性支持，相当于"看跌"期权，即保证金融资产的价格不会低于某一水平。的确，通过降低利率，美联储变相支撑了资产价格。利率下调后，投资者可以用更低的成本借入更多债务，并将其投入股市。此外，与利率相比，金融证券的回报变得更加可观。

这种不对称的货币政策限制了股票价格的下跌，但对股票价格的上涨却没有设置任何障碍，这导致金融参与者去冒更大的风险。再加上积极的预算政策，情况就更加如此。图 2-4 和图 2-5 展示了货币政策和财政政策如何对股价以及 21 世纪头十年的房地产价格提供支持。这两张图显示了在金融崩溃后的几年里，这些政策如何帮助价格迅速回升。20 世纪 90 年代末，随着市场起飞，预算赤字有所下降，但相反，货币政策仍然宽松。在 21 世纪头十年，这两个杠杆被同时拉动，特别是在 2001 年金融风暴后更是大力拉动，不仅刺激了市场复苏，同时也扩大了房地产泡沫。

对金融体系稳健性的信心也在以同样的速度增长。鉴于奇异金融产品的激增似乎有望更好地分散风险，这种信心更是如此。耐人寻味的是，2007 年 7 月，甚至在危机初露端倪之时，一些人就宣称"不会发生大崩盘"，因为"自 20 世纪 90 年代

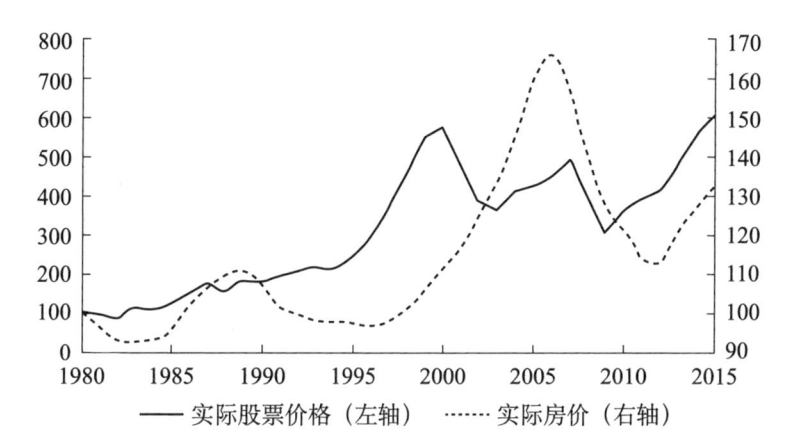

图 2-4　美国股票价格和房价（1980 年 =100）

资料来源：作者使用罗伯特·希勒（Robert Schiller）的数据进行的计算。

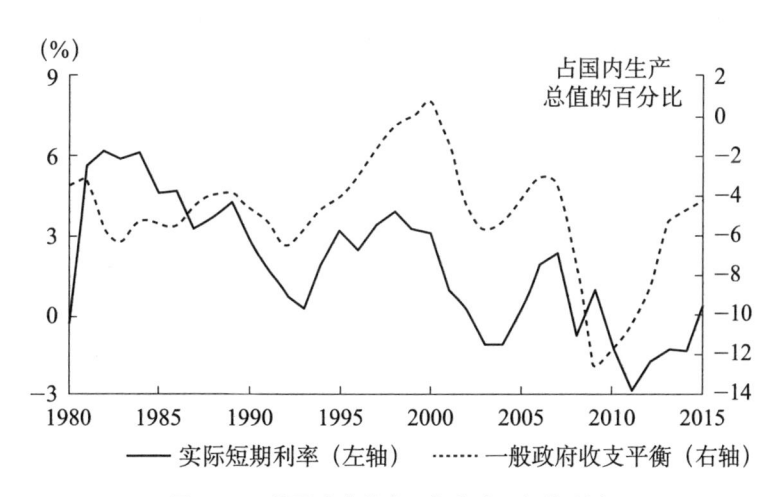

图 2-5　美国政府收支平衡和实际短期利率

资料来源：作者使用经济合作与发展组织（OECD）指标进行的计算。

末以来，金融业经历了真正的革命。抵御趋势逆转的能力有所提高，从而降低了系统性风险"（Landier et Thesmar，2007）。

在 2008 年的金融危机中，各发达国家采取了规模空前的公共危机控制政策。在美国，利率降至零，预算赤字在 2009

年上升到接近国内生产总值的12%。其他发达国家的预算和货币政策也朝着类似的方向发展，但总体上力度较小。

鉴于威胁的严重程度，各发达国家还动用了其他手段，如银行和保险公司的资本重组和部分或全部国有化，以及促进和扩大不同银行间流动性供应的新渠道。货币政策还涉足了未知领域。例如，英格兰银行和美联储首先实施的量化宽松政策导致这些机构购买了价值数千亿美元的政府债券和抵押贷款产品，以将整体利率维持在非常低的水平（另见第六章）。这些政策可能并没有给实体经济带来任何重大复苏，但它们确实阻止了房地产价格的下跌，并使股票价格强劲上涨。2013年，美国股票价格赶上了危机前的水平。此外，低利率鼓励投资者购买风险较高的证券（如脆弱企业发行的债券）以获得回报。总之，为应对危机而采取的政策确实限制了金融损失，但也助长了冒险行为，从而加剧了系统性风险，反过来又为下一次金融灾难埋下了祸根。

新古典主义文献利用"元道德风险"（Miller, Weller et Zhang, 2002）或"系统性道德风险"（Farhi et Tirole, 2009）的概念来解决这一问题。这将"大而不能倒"的原则推广到了系统中的所有参与者。按照这种理解，不仅大型机构，一般的金融参与者也都偏爱过度冒险，因为他们知道公共当局会进行干预以限制他们的损失。

公众当局会在灾难发生时采取有效行动，这种信念并不妨碍夸大乐观的预测会导致风险低估的假设（Ragot, 2013,

p.384）。此外，我们不必想象有一群超理性和机会主义的经济参与者利用国家的隐性担保，以为这样就能理解当过度乐观的预测与当局为避免系统崩溃而进行干预的义务相结合时所产生的累积效应。正因如此，明斯基的贡献被证明是理解导致2008年金融危机的真正金融动力的基础。

明斯基的工具性运用

事实证明，明斯基的一些著作极具先见之明。他在1987年发表的一篇关于证券化的文章就是如此。在这篇文章中，他指出这种金融技术"意味着银行创造信贷的主动性是无限的"，金融全球化的力量可以与抵押贷款市场的力量相关联（Minsky et Wray，2008）。然而，他并没有从中得出本应促使他修改理论框架的全部结论。

的确，投机活动的激增并没有发生在他的经典模型所设想的地方（向从事最终无利可图投资的非金融企业提供过多信贷）。我们将在第四章看到，富裕国家的历史进程并不以投资繁荣为特征。恰恰相反，除了20世纪90年代后半期随着互联网泡沫破灭而结束的短暂时期，投资一直在下降。债务不断攀升不是出现在生产部门，而是出现在家庭、国家，尤其是金融部门本身。这是明斯基分析的一个盲点，在很大程度上源于他的历史背景。

第二个问题是明斯基的著作在处理危机时的用途（Ivanova，2013）。这也许是一个更严重的问题，总之是一个更具政治性的问题。如果金融危机表现为流动性急剧下降（即金融证券缺乏买家），那么阻止危机的手段只有两个：一是中央银行的例外再融资，二是增加流通中的政府债券（这些债券的确可以作为新贷款的抵押品，从而鼓励信贷复苏）。这两种机制要求中央银行和政府"确认"金融创新和繁荣时期投机所产生的负债结构，以防止出现萧条。尽管这项政策间接帮助遏制了失业率的上升，但更直接的影响是使得不平等进一步加剧。这是由于股市的回升，以及与企业目前涓滴利润挂钩的薪酬和奖金的上涨。因此，在美国，最富有的1%的人在2009—2012年期间攫取了约95%的利润。在同一时期，99%的人的收入停滞不前（+0.4%），而1%的人的收入猛增了31.4%（Saez，2013）。

虽然明斯基的本意并不是以牺牲社会其他成员的利益为代价来维护金融业的富裕，但他确实为金融业提供了一种舒适的手段，使它能够从自己造成的灾难中解脱出来，而不必为此承担责任。这有助于我们理解为什么金融评论家在需要为高昂的拯救计划辩护时会如此热衷于他的分析。受明斯基启发而表面化的危机解决方案导致了金融崩溃成本的社会化，这一规模前所未有，工人阶级或失业者却从未感受到这种"资本共产主义"的所谓好处。我们应该记住所涉及的巨额资金——从2008年秋季到2009年初，发达国家的政府和中央银行为支持金融业（通过资本重组、国有化、回购资产、贷款、担保、注

入流动性）所投入的资金总额约占世界国内生产总值的50.4%！(IMF，2009，p.7)

最终，明斯基的分析在一定程度上未能解释金融价值的状态。为了阐明这一点，我们现在将引入虚拟资本的概念。

第三章

虚拟资本：概念的谱系

第三章　虚拟资本：概念的谱系

　　金融并没有以某种方式悬浮在实体经济之上。相反，金融发展与经济相关，并为其转型做出贡献。虽然金融一直与商品生产和贸易领域存在一定距离，但它也是资本积累过程的重要组成部分。它具有一定的自主权，但只是相对而言。在这里，我们面临着一个基本的张力，它的关键节点、消失线和重新连接的回路都应该更加具体地加以识别。安德烈·奥尔良（André Orléan）对金融市场本质双重性的论证可以作为我们思考的出发点。奥尔良详细分析了金融市场相互依存关系的运作，描述了一种投机理性的逻辑，这种逻辑的特征是引发并助长了泡沫。"镜像策略"是由参与者对一般参与者看法、一般参与者对一般参与者看法等看法所决定的策略（Orléan，1999，pp. 67 – 74）。尽管如此，"镜像策略"确实会趋向于一种金融惯例，而这种金融惯例并非不受约束。它"必须建立在令人信服、经过适当论证的考量之上……从基本面的角度来看，它需要一些最低限度的合理性"（Orléan，1999，p. 88）。

　　因此，金融资产的价格在两极之间存在争议：一是投机的自主动力，二是与其基本价值之间松散但必要的关系。然而，投机逻辑并不等同于基本逻辑。前者在"金融主观性镜像游戏"中被详细阐述，但后者本身具有独立存在的底层逻辑，参与者们必须时刻把握。社会生产的价值化过程决定了金融价值化过程。换言之，投机价值化和基本价值化并不对称，因为虽然投机确实必然指向通过社会生产实现增值的过程，但反之则不然。然而，这正是金融界试图通过流动

45

性来实现的目标。

金融市场组织流动性的目的是确保投资者对未来估值过程所下的赌注能够不断转化为即时可用的价值。然而，这一目标却遭遇了"合成谬误"。即使每个投资者都能抛售自己持有的证券，也不可能同时抛售所有投资者持有的证券。凯恩斯清晰证明了这一点。他说："对于整个社会来说，不存在投资的流动性。"（Keynes，1998，p.170）它们意味着承诺。因此，只有当别人同意接手时，才有可能将其出售。奥尔良所说的流动性悖论明显强调了金融自主性的相对特征。他揭示了实体价值化过程与金融价值化过程之间的张力——这是金融化引发问题的核心所在。虚拟资本是解决这一难题的最佳概念。我们将首先对它的谱系进行辨识，然后在下一章描述该范畴在当代经济体中呈现的基本且形式复杂的发展历程。

今天，虚拟资本的概念几乎已经被遗忘了。20世纪90年代，《新帕尔格雷夫经济学大辞典》删除了这个概念，而这个概念与两位主要思想家——弗里德里希·哈耶克（Friedrich Hayek）和卡尔·马克思有关。

奥地利学派的方法：虚拟资本是一种幻觉和资源转移

要想投资就必须储蓄，别动印钞机，
滥发钞票必将带来萧条的厄运，经济衰退。
"害怕繁荣与萧条"，这是属于哈耶克大战凯恩斯的

第三章　虚拟资本：概念的谱系

说唱圣歌。①

对于自由主义作家来说，虚拟资本的生产是指通过信贷系统以货币形式创造资本，而没有任何与之相对应的真实资源。这显然是一个贬义词，带有一种不断利用新贷款来维持旧贷款偿还能力的骗局气息（De Brunhoff，1990）。

这一概念首次出现在利物浦伯爵查尔斯·詹金森（Charles Jenkinson）写给乔治三世（Georges Ⅲ）的货币问题论文中，该论文于1805年出版。詹金森在其中一章警告君主：纸币泛滥会带来严重风险。这里的背景很重要。1797年，英国王室与革命后的法国之间的战争带来了种种不确定性，这迫使英格兰银行暂停了英格兰钞票兑换黄金的机制，并开始发行面值较小的1英镑和2英镑的纸币。在此之前，英格兰钞票仅用于大额交易，并且持票人可以随时将其兑换成黄金。因此，詹金森对不受监管的货币发行演变成碎片化的风险感到担忧。的确，当普通银行发行过量纸币时，纸币的价值就会受到侵蚀，并出现破产潮。英格兰银行因此被迫进行干预，以维护支付系统的完整性。英格兰银行面临着两难境地：要么亏本铸造金属价值高于面值的金币，但这些金币一经发行就可能会被立即熔成金

---

① "害怕繁荣与萧条"（*Fear the Boom and the Bust*）是一个视频，描绘了凯恩斯和哈耶克的化身通过说唱的方式进行辩论，双方针锋相对地阐述了各自的观点。视频的创作者之一拉塞尔·罗伯茨（Russell David "Russ" Roberts）是斯坦福大学的经济学家，致力于向大众传播奥地利学派的自由主义经济思想。该视频发布于2010年，至今已有超过400万人观看。读者可以在YouTube上找到这个视频。

锭并出口,这样一来,它们就无法在国内流通了;要么停止将纸币兑换成黄金,并通过发行自己的纸币来支撑流通,但风险是自身信誉受损。

詹金森的论点乍看之下仅限于纸币问题,但他其实还表达了更广泛的担忧。这可以从首次出现"虚拟资本"概念的段落中看出:

> 最近几年,人们似乎在这个国家发现了一种新式的炼金术,可以通过这种方法将金银币和其他几乎所有类型的财产转化成纸币。持有贵金属的人更愿意将它们出口到其他国家作为资本,因为那些国家还没有发现这种方法。然而,这种新引入的"虚拟资本"比任何其他因素都进一步助长了所谓的过度贸易,即鲁莽轻率的投机行为,以及几乎必然随之而来的恶果——为了维持已破产的冒险家们的信用而采取卑劣手段,此外还有腐蚀贸易社会道德风气并动摇信用的其他恶行。信用不仅是纸币流通的基础,更是整个王国内部贸易赖以维系的基础。在任何商业体系中,资本无疑是必不可少的要素,但英国商业的繁荣并不仅仅取决于资本,更依赖于英国商人们的正直、对荣誉的珍视和守信,这也是他们一直备受赞誉的原因(Jenkinson, 1880, p.255)。

他之所以关注纸币,不仅是因为纸币正在取代金银币,还因为纸币代表了"几乎所有其他财产来源"。在詹金森看来,

第三章 虚拟资本：概念的谱系

纸币可以与各种基础资产相对应，这一事实是不稳定的根源。他还提到了约翰·劳（John Law）的货币体系（以不动产价值为抵押，随后又以法兰西王国的全部资源为抵押），其投机性扩张导致密西西比公司（Compagnie du Mississippi）于1720年轰然倒闭（Galbraith, 1994）。因此，詹金森实质上是在支持金本位货币体系，在这种体系中，纸币的全部供应量都与金属储备相对应。然而，在这段话中值得注意的是，詹金森不仅担心纸币带来贬值的风险，他还指出了纸币允许流通的资本的虚拟性。总之，由于不真实资本的流通，不择手段的融资和投机威胁着英国贸易体系的道德诚信，并最终威胁着它的繁荣。尽管詹金森没有解释其背后的机制，但他显然对虚拟资本的失能有一种直觉。

为什么要谈论虚拟资本？许多19世纪的经济学家都在努力完善这一点，他们的推论为新自由主义最重要的理论家弗里德里希·哈耶克的阐述奠定了基础。第一阶段包括明确货币发行与信贷发放之间的联系。

劳德代尔勋爵（Lord Lauderdale）在1811年的一封信中指出："银行在增加一个国家的流通媒介的同时，也向社会发行了大量虚拟资本，这些资本不仅充当流通媒介，还创造了额外的资本数量，可以用于各种可以使用资本的方式。"给其回信的杜格尔德·斯图尔特（Dugald Stewart）将这一分析向前推进了一步："简而言之，根本弊端不仅在于过度发行纸币，将其视为我们货币的附加物，而是反常的、无节制的信贷扩张，这

49

样做带来的必然后果是，通过需求的突然增加而导致价格的突然上涨。"（Stewart，1855）虚拟资本导致的信贷过剩对价格产生了非常实际的影响。

1819年，上议院的一个委员会问大卫·李嘉图（David Ricardo）：纸币的大量流通所产生的虚拟资本是否会刺激经济活动？根据他的货币中性假设，李嘉图给出了否定的回答："我不认为使用所谓的虚拟资本对生产有任何刺激作用。"（Viner，1955，pp. 214 - 215）但他承认，在极少数情况下，虚拟资本可以通过牺牲工资来增加利润，从而鼓励资本积累。

这一勉强的让步指出了哈耶克后来正面解决的一个基本理论问题。他以19世纪普遍存在的一种立场为出发点："贸易和金融危机是由消费过剩而非生产过剩造成的。"（Guyot，1887）因此，他必须证明，"真正解释危机的中心点"是"资本稀缺导致无法使用现有资本设备的现象"。哈耶克承认，这似乎是一个令人吃惊的命题："资本稀缺会导致现有资本货物部分闲置，资本品的丰富是资本短缺的症状，而造成这种情况的原因不是对消费品的需求不足，而是需求过度。对于一个没有受过理论训练的人来说，这显然不是容易接受的事。"但这只是一个表面上的悖论。这与虚拟资本的作用有关，这里的虚拟资本被视为信贷多于储蓄的资本。[①]

[①] 除了哈耶克，马尔萨斯（Malthus）、瓦尔拉斯（Walras）和熊彼特（Schumpeter）等众多其他作者也经常在著作中诉诸"强制储蓄"的概念来探讨信贷超过储蓄的问题。凯恩斯也提到过这个问题，但他表示，对他来说，只有在充分就业的背景下，这个概念才有意义，在此他遵循了边沁（Bentham）的观点（Keynes，1998，pp. 102 - 104）。

第三章 虚拟资本：概念的谱系

过度向资本家发放信贷导致生产项目数量激增，而这些项目又远远超过了可用资源的承载能力。这就会导致投入品短缺，但为了使已购置的资本品运转起来，投入品必不可少。

通常所说的"过度投资"，并不是指投资相对于最终产品需求而言的过剩，而是指大量启动新的投资项目，这些项目在完成或使用时所需的资本超过了可供支配的资本总量。换句话说，"过度投资"并不意味着储蓄过多，而是意味着储蓄过少（Hayek, 1975, p. 167）。

图 3-1 简要描述了当信贷得不到储蓄增加的补偿而产生对额外投资资产的需求时，可能产生的不稳定影响。危机爆发的原因在于资本不足，即缺乏未被消费的资源，从而无法用于部署新的设施。解决这个问题只有两种途径：第一，放弃部分生产项目，使投入品需求与可用的生产性资本存量之间恢复均衡；第二，减少消费，释放资源以满足投入品的需求。哈耶克认为，重新建立储蓄、信贷和新资本之间的均衡，是和谐利用可用资源的必要条件。

这一论点源于哈耶克在 20 世纪 30 年代初阐述的经济周期理论。这一理论在 1931 年和 1932 年的《经济学期刊》（*The Economic Journal*）上引起了与凯恩斯和斯拉法（Sraffa）的激烈争论。争论的结果很快明显对哈耶克不利。哈耶克试图把维克塞尔（Wicksell）的自然利率概念（作为易货经济的一种思

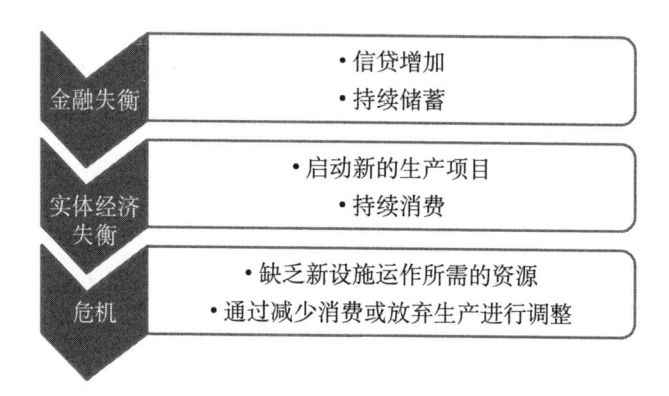

```
金融失衡  →  • 信贷增加
              • 持续储蓄

实体经济   →  • 启动新的生产项目
 失衡         • 持续消费

危机       →  • 缺乏新设施运作所需的资源
              • 通过减少消费或放弃生产进行调整
```

图3-1 从过度信贷到过度投资：哈耶克所认为的虚拟资本的不稳定特征

资料来源：作者根据哈耶克思想所做的阐述。

维方式）和瓦尔拉斯在货币经济背景下提出的一般均衡概念结合起来，这种尝试充满了逻辑矛盾，与当时迫切的经济需求完全脱节。也就在那个时候，这种关于储蓄不足的争论激发了布吕宁（Brüning）总理灾难性的通货紧缩政策，促成了阿道夫·希特勒（Adolf Hitler）的上台。

没有什么能够挽救哈耶克早期的经济周期理论。事实上，在后来的几十年里，甚至连他自己都与之疏远了。但是，当他指出信贷过剩是危机的一个可能原因，因为它能够破坏相对价格水平的稳定时，他同时指出了一个对我们所提问题至关重要的点。我们应该坚持的观点是，没有储蓄补偿的信贷最终不会转化为积累的资本。虚拟资本的产生所带来的刺激只不过是一种假象和浪费，因为这意味着投入生产的部分资本被转用于其他效率较低的用途。

马克思的方法：预期资本增殖形式的矛盾性

> 正如在这种信用制度下一切东西都会增加一倍和两倍，以至变为纯粹幻想的怪物一样。
>
> ——《资本论》第三卷第二十九章（Karl Marx，1865）

据我所知，哈耶克没有参考马克思主义对虚拟资本概念的分析。这并不奇怪，因为在哈耶克一生中的大部分时间里，他都是一个顽固的反社会主义者。然而，由于他经常光顾1914年之前的奥地利社会民主主义圈子，他无疑意识到马克思本人也接受了这一观点（这在他的同时代人中普遍存在），银行家无中生有地创造的信用货币是一种虚拟资本，经常引发了最疯狂的投机（Marx，1968，pp. 1157–1163）。[①]

但马克思对信用制度的判断与哈耶克截然不同。在他看来，信贷不但不会受到可用资源的限制，反而可以克服自筹资金和贵金属生产所构成的障碍。因此，"信用制度加速了生产力的物质上的发展和世界市场的形成"。这里并不是完全没有资源限制的概念，但它仅限于"信用制度表现为生产过剩和商业过度投机的主要杠杆"的情况，因为在这种情况下，信用制度迫使本质上具有弹性的再生产过程"强化到了极限"。

---

① 有关马克思对虚拟资本的介绍，参见 Chesnais（2006）。

> 信用制度固有的二重性质是：一方面，把资本主义生产的动力……发展成为最纯粹最巨大的赌博欺诈制度，并且使剥削社会财富的少数人的人数越来越减少；另一方面，造成转到一种新生产方式的过渡形式。正是这种二重性质，使信用的主要宣扬者……都具有这样一种有趣的混合性质：既是骗子又是预言家（Marx，1968，pp. 1179-1180）。

延续19世纪的普遍认知，马克思也认为虚拟资本的确源于信用制度的发展（Guttmann，1996，pp. 76-77；De Brunhoff，1967，p. 144）。[①] 借贷资本的交换是一种与产生虚拟资本的生产活动脱钩的价值增值手段，其构成要素包括可贷资金、偿还期限以及相应的利息。然而，虚拟资本并不仅仅局限于信用制度本身。马克思最初的直觉是：虚拟资本的创造源于一种更一般的预期资本价值增殖过程的逻辑。因此，虚拟资本表现为资本持有者的一种权利要求和预期，其失败会导致金融危机以及围绕由此产生的后果的社会和政治斗争。

撇开其各种机构形式，金融本质上可以简化为预先支付一定金额的货币，以换取对方偿还的承诺，或者换取对未来将创造价值的活动的产权。因此，金融建立了一种资本增殖模式，让金钱仿佛拥有了魔法般的力量。马克思关于利息资本的论述同样适用于整个金融领域："创造价值，提供利息，成了货币

[①] 科斯塔斯·拉帕维察斯（Costas Lapavitsas）指出贷款资本本质上没有任何虚拟之处，这与马克思截然不同（Lapavitsas，2013，p. 29）。

第三章 虚拟资本：概念的谱系

的属性，就像梨树的属性是结梨一样。"那种认为可以将价值增殖过程与生产过程和劳动力剥削分离开来的简单想法只是一种幻想，却支撑了资本强大的支配机制。

虚拟资本的创造过程是如何运作的呢？"人们把虚拟资本的形成叫做资本化。"（Marx，1968，p.1151）也就是说，它产生债务或证券，其价值源于预期收入的资本化（Marx，1968，p.1193）。① 因此，虚拟资本带来的核心问题并不是奥地利学派认为的那样，先前储蓄是否足以创造补充资本。问题在于，虚拟资本抢占了未来的增殖过程，尽管它使之变得不可见。按照奥地利学派的观点，虚拟资本等同于失败和浪费，而在马克思主义的分析中，虚拟资本的虚拟性并不等同于未来价值增殖过程的成败，尽管它确实表明了这种增殖的脆弱性。简而言之，它把当前货币资本的增殖视为未来经济和政治进程的利害关系（我们将在第五章中回到这一点）。

马克思将虚拟资本识别为三种形式：信用货币、政府债券和股票。在此，马克思展现了同其他方面一样惊人的预见能力——想想《共产党宣言》中关于全球化的预言性篇章。诚然，在马克思的时代，信用货币和金融市场只占有限的地位，但如今它们已成为经济运行的核心。

信用货币乍一看是最难被认定为虚拟资本的一种形式。它

---

① 其实现的价值可以通过以下简单的术语来表达：如果一只股票每年带来 R 的收入，利率为 i，那么该股票的价值为 $K = R/i$。因为按照这个利率借贷 R/i 的话，每年也可以带来 R 的收入。参见 Lipietz（1983，p.107）。

难道不是生息资本，而非虚拟资本吗？难道它不是闲置资金的所有者希望通过换取利息而将其借出去的一种形式吗？正确答案是，信用货币同时具有这两种金融资本的特征（Guttmann，1996，p. 77）。它始于银行贷款，这种贷款原本只是一个简单的货币符号，通过流通变成了真正的货币。但是这种流通本身在很大程度上源于一种"无中生有"的创造，因为它是一种对未来收入的预支，从本质上来说并不是来源于先前储蓄的资金。自20世纪中叶以来，信用货币的普遍化意味着"将私人劳动预先规范为社会劳动"（Lipietz，1983，p. 140）。企业的生产和工人借贷者的劳动在商品实际售出或工资实际支付之前就得到了货币的预先认可。这种长期支撑经济增长的信用普遍化建立在经济活动具有一定规律性的基础之上。的确，人们能够以中央银行发行的票据形式提取存款，存款依赖于这种承诺。然而，如果没有大量的存款人同时要求提取他们的钱（银行挤兑），那么任何一家银行都无法兑现这一承诺。毕竟，除了准备金之外，所有存款都只不过是数字，没有任何可以直接使用的对应物。如果对某家银行缺乏信心，更不用说对整个银行体系普遍缺乏信心，只有拥有发行权的中央银行才能阻止或遏制金融恐慌，因为它拥有发行货币的最高货币权力，可以发行存款准备金。这既证明了货币作为一种制度的等级制性质，也证明了与虚拟资本相关的政治监管。[①] 由于商业银行根据回

---

① 有关当代货币机制的介绍，以及对法国情况的详细描述，参见 Plihon (2013)。

第三章　虚拟资本：概念的谱系

购协议出售给中央银行的政府债券构成了私人银行创造信用货币的大部分来源，因此，信用货币的虚拟性及其政治支柱都得到了强化。2010—2012年，欧洲外围国家银行业/公债危机螺旋式上升，这有力地证明了这种嵌套的破坏性力量。这里的重要问题是：欧洲央行拒绝承诺对各国公债进行任何无条件的自动回购。这不仅切断了外围国家进入金融市场的渠道，同时导致政府债券迅速贬值。这反过来又严重削弱了持有大量此类债券的银行。缺乏任何此类担保，也残酷地揭示出单一货币的基本政策缺陷。政治是信用货币的最后担保。只有政治才能允许信用货币的受控扩张，并防止其在动荡时期突然收缩。

公债的虚拟性则更加显而易见。诚然，公债与生产过程增殖的资本没有任何对应关系。即使债务支出与基础设施或教育系统的投资相关，它们也没有与之对应的直接货币回报来偿还债务。诚然，国家持有金融资产（债务、股票）和实体资产，但从本质上来说，后者并不应该被转让。归根结底，在当前形势下，虽然国家资产的金融管理变得愈发重要，尤其是在紧缩计划之下变卖"家当"，但支配着公债的仍然是对未来税收金额的索取权。而且，债务本金永远不会得到真正的偿还，因为新发行的证券不断被用来补偿到期证券的支付。政府债券的可交易性进一步完善了它们的拜物教特征。当单个债券持有人找到买家时，这种"虚拟"就变成了"现实"。但这些债券本身在价值增殖过程中没有任何直接的对应物——它们只是对税收收入的预支。

这一章开头提到的流动性这一非凡特征，对于在金融市场上交易的上市股票和公司债券也同样重要。与公债不同，后者确实代表了真正的资本，也就是由企业投资或用于其运营的资本。在这里，正是金融价值增殖模式中隐含的重复性造成了虚拟性的根源：

> 但是，这个资本不能有双重存在：一次是作为所有权证书即股票的资本价值，另一次是作为在这些企业中实际已经投入或将要投入的资本。它只存在于后一种形式，股票不过是对这个资本所实现的剩余价值的一个相应部分的所有权证书（Marx，1968，p.1194）。

公司债券也是如此，但区别在于这里涉及的是信用而非财产所有权，因此资本化收入是利息，而不是股息或实际积累的资本。

表3-1以一种简单的方式展示了马克思虚拟资本的基本范畴。它强调了这种虚拟性的各种基础以及它作为经济对象所形成的不同方式。对于银行信贷，更确切地说是银行超出其准备金发放的信用，这种虚拟性基于一个事实，即没有预先获得任何收入，而是对未来积累过程的预期。尽管如此，这种虚拟性依然受到监管，因为预期的偿还应该与被视作正常的商业发展相兼容。在传统银行信贷中，银行持有债务，因此不会经历重新评估的过程。[①] 这种广泛的银行信贷类别还包括银行通过

[①] 当然，如今情况已不再如此，大部分债务都被证券化以允许其流通。

对企业间债务进行贴现交易而获得的商业信用。

表3-1 马克思虚拟资本的基本范畴

	实现了的积累所产生的收入表达	对未来积累过程的投资	可根据资本化收入进行交易
银行信贷	否,除了储蓄存款对应的部分	是	否
公债	是	否	利息流
公司债券	是	是	利息流
股票	是,但也来自投机	是	股息流与企业将要积累的生产资料所有权

公债的虚拟性源于债券并不对应任何实际的资本积累过程,而仅仅是对未来税收收入的预支,这些收入本身又取决于经济主体未来经济活动所创造的收益。然而,与股票和债券的可交易性一样,这些债务凭证的可交易性也引入了一个赋予虚拟资本充分力量的新维度——流动性。可交易的权益同时代表着两种东西:一是获取收益流的渠道,二是随时可以按照金融界对预期未来回报的自我指涉评估转换为实际货币的财富。

可交易股票形式的资本虚拟性将我们带回了流动性悖论的问题上。虽然银行危机与信用货币缺乏事后验证有关,并表现为银行挤兑,但金融危机会转化为股票市场崩盘。当太多代理人试图同时抛售证券时,就会发生这种情况。

综上所述，虚拟资本是资本脱离"生产—价值增殖"过程的一种体现。根据马克思主义的观点，资本只有在未经生产实现的情况下流通，并代表对未来真实价值增殖过程的索取权时，才是虚拟的。当今，这种虚拟资本可以依靠公共当局，尤其是央行的支持。央行为了维护金融稳定而采取行动，实际上是通过虚拟资本对积累过程进行社会预先验证。按照马克思的理解，虚拟资本扮演着一种深刻的双重角色。一方面，它有利于资本主义的发展，因为这种预期操作可以加快资本积累的节奏。这与19世纪的"银行学派"精神相符。该学派认为，货币的创造应该满足经济主体的需求，同时也契合凯恩斯主义的观点，即充分就业不会自然发生。另一方面，虚拟资本对未来积累的预期隐含着一种激进的拜物教形式，容易演变成不可持续的幻象。积累的虚拟资本总量可能会变得与经济体的实际生产潜力不相容。这种推理更接近早期虚拟资本理论家，比如哈耶克的观点。如果真是这样，那么虚拟资本的过度积累将不可避免地导致危机。

第四章

虚拟资本在当代的崛起

第四章 虚拟资本在当代的崛起

托马斯·皮凯蒂（Thomas Piketty）的热门著作《21 世纪资本论》（*Capital in the Twenty-First Century*）惊人地记录了 20 世纪 80 年代以来收入不平等的激增，更重要的是财富不平等的激增。这是一部具有重大政治影响力的作品。它表明，精英统治在当代资本主义经济中只是一个神话。并且，对最富有者减税会产生有利于最贫穷者的间接影响（涓滴效应），这种观点是没有依据的。皮凯蒂对保守思想霸权发起了重大挑战。所以，美国企业研究所（American Enterprise Institute）的詹姆斯·佩索库基斯（James Pethokoukis）说得没错："《21 世纪资本论》中的'软性马克思主义'如果不受质疑，就会传播开来……重塑政治经济格局，未来所有的政策斗争都将在此基础上展开。"皮凯蒂的著作虽然优点众多，但自出版以来一直广受争议，存在着许多理论上的问题。这里我们特别感兴趣的问题是皮凯蒂关于资本概念的模糊性，更确切地说是该书用来论证的理论定义和支撑其论证的统计数据之间所存在的差距。

皮凯蒂的理论分析表明，资本占总收入的份额（α）等于利润率（r）乘以资本（K）与产量（Y）之间的比率：$\alpha = r(K/Y)$。该比率与资本作为生产要素——生产中使用的机器、建筑物、软件等的定义相关。相反，皮凯蒂在他的实证分析中考虑了关系 $\alpha = r \cdot \beta$。资本占总收入的份额（α）等于资本回报即利润率（r）乘以资本财富收入比（β）。因此，他从资本作为生产要素的分析性概念转向了资本财富的实证定义，其中包括股票、债券、信贷、知识产权、房地产资产总量等。他对资本的理论和实证分类之间的这种不一致对我们如何解释最近一个时期产生了重大影响。

实际上，皮凯蒂将收入不平等的加剧与资本财富收入比（$β$）的上升联系起来，同时还提出了有关资本在生产中的比重（作为生产要素）的解释（K/Y）。在他看来，资本占总收入的份额随着生产中的资本密集度（K/Y）的增长而增加的原因是当代经济允许资本（K）有多种用途。从这个角度来看，收入不平等的加剧源于生产层面的结构转型，并因社会政治权力关系向资本倾斜而加剧。

这种解释首先在概念上提出了问题，因为剩余价值率（$α$：资本获取的收入份额）在这里表现为结果，而不是利润率的决定因素。因此，它助长了资本具有自主创造价值能力的神秘感。然而，最重要的是，它在实证领域并不令人信服。几十年来，我们看到发达经济体的投资放缓（见第六章），表现为生产资本密集度的稳定或下降。① 相反，皮凯蒂表明，资本财富收入比（$β$）大幅上升。为了解释资本占总收入的份额（$α$）的上升，有必要思考资本财富收入比（$β$）的演变与生产中的资本密集度（K/Y）之间的脱节。正是虚拟资本的兴起，让我们开始思考生产投资的低迷如何与财富和财富不平等的大幅扩张同时发生。

---

① 这一点参考皮凯蒂等关于无资本收益的资本存量和企业资本产出比（账面价值）的数据。

第四章 虚拟资本在当代的崛起

既然我们已经为虚拟资本的概念提供了坚实的理论基础，我们就可以描述其经验形式的演变，从而揭示皮凯蒂著作中没怎么提及的一个维度。本章将表明，在整个富裕世界中，各类虚拟资本的发展节奏不规则，尽管它们在不同国家之间往往是同步的。这使我们能够记录一个对于理解资本主义当代形势至关重要的过程，即预期未来生产的支付承诺量相对于实际生产的财富的增加。从这个角度来看，金融化似乎是一种系统性的幻想，2008年的金融危机还不足以阻止它。

我们首先用更具体的方式描述马克思确定的虚拟资本类别，即银行信贷、公债、公司债券和股票。这些内容如表3-1所示。然后，我们将转向其他形式的虚拟资本，它们的轮廓更难以辨认——这些形式因当代金融体系日益复杂而产生。

虚拟资本的基础形式

为了简化解释，我们对主要高收入国家虚拟资本基础形式动态的研究将集中于五个最重要的富裕经济体（美国、日本、德国、法国、英国）。为了强调这确实是高收入国家的共同趋势，我还将给出11个最富裕国家的平均（均值）数据。[①]

---

① 其他六个国家是加拿大、意大利、荷兰、韩国、澳大利亚和西班牙。

我们将使用的第一个指标是每个相关经济体内部的非金融私营部门的信贷总额。这包括银行信贷以及提供给非金融企业、非营利机构和家庭的一系列其他形式的信贷（公司间商业信贷、债券），包括国际信贷。以非金融私营部门为重点，我们可以暂时不考虑金融领域的内生发展。相反，我们将关注直接参与生产部门的行为主体所做的承诺及其创造财富的能力。我们将整个信贷视为虚拟资本并非没有道理，因为随着布雷顿森林货币体系的解体，整个货币体系现在都依赖于银行货币。不同于金本位制度，货币不再拥有黄金等贵金属作为锚定物，而是依靠国家的信用背书以及中央银行的调控政策来维持其社会可接受性。在这种体系中，货币（主要在经济主体的银行账户之间流通）来自银行发放的贷款。这就是信贷构成存款的原理。最后，通过研究向公司和家庭提供的信贷，我们可以了解房地产行业的投机过程。

图4-1显示，自20世纪70年代以来，非金融私营部门信贷激增是一个普遍现象。当时的信贷平均占国内生产总值的72%，到2007年这一数字已上升到174%。唯一在20世纪90年代逆转这一趋势的国家是日本。当年，日本经历了一场严重的金融危机，这是1985年《广场协议》（Plaza Accord）决定对日元重新估价后引发的投机泡沫的反弹。自2003年以来，这种趋势在德国也有所减弱。另一个重要的考量因素是，金融危机导致2009年所有国家同时大幅停止信贷，这证明了信贷紧缩的真正全球性。此外值得注意的是，虽然21世纪头十年

信贷普遍加速（日本除外），但美国和英国的信贷加速程度尤其大。金融危机之后，随着企业和家庭去杠杆化，大多数国家的私人债务比重趋于稳定。需要注意的是，法国在这方面是个例外，它的私人债务与国内生产总值的比率现已超过所有其他国家。

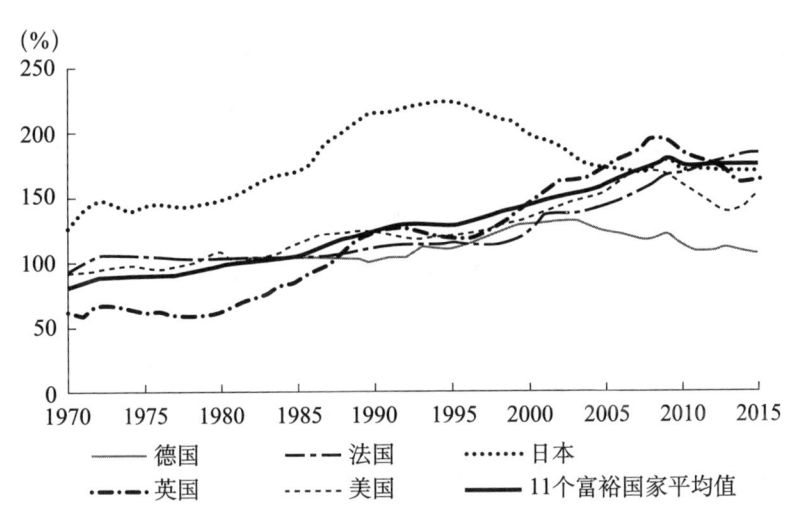

图 4-1 非金融私营部门信贷（占国内生产总值的百分比）
资料来源：作者使用 BIS 指数所做的计算。

图 4-2 显示了马克思提到的第二类虚拟资本的演变：公债。在战后的头几十年里，持续的增长和通货膨胀使得第二次世界大战遗留下来的高额债务不断减少。但从 20 世纪 70 年代开始，这一趋势发生了逆转。11 个国家的债务与国内生产总值的平均比率可分为三个时期。从 20 世纪 70 年代中期到 90 年代中期，公债不断增加，平均占国内生产总值的比率从 30% 上升到 65% 左右。这一发展趋势与公共赤字的普遍化有关，但从 20 世纪 80 年代起，实际利率的提高又大大加剧了这一趋势，

从而产生了滚雪球效应，自动增加了债务的比重。从1995年到2008年，这一比率趋于稳定，但从2008年开始，由于金融危机的影响，这一比率又突然上升，到2015年达到100%。这一总体模式掩盖了重大差异。1995—2007年的稳定是不均衡的。在此期间，我们可以看到各种不同的模式——加拿大、澳大利亚、西班牙和荷兰显著下降；英国、法国、美国和意大利相对稳定；德国和韩国有较大上升。最引人注目的是日本，在长期停滞的背景下，日本努力应对金融危机的后果，导致公债激增。公债占国内生产总值的比率从1991年的69%上升到2005年的155%，在2008年金融危机后的几年里，这一比率超过了220%。

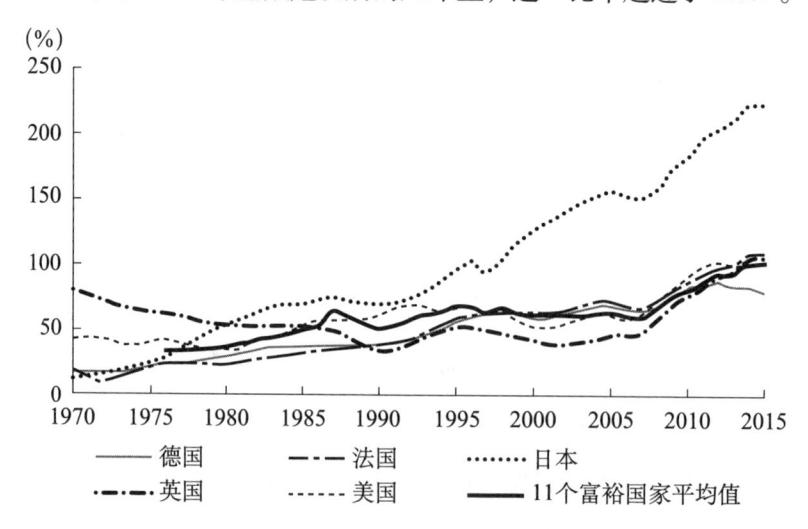

图4-2 政府部门信贷（即公债，占国内生产总值的百分比）

资料来源：作者使用BIS指数、莱因哈德和罗杰夫、AMECO和经济合作与发展组织指数所做的计算。

图4-3涉及第三类虚拟资本：国内上市公司的股票市值，其价值反映了预期利润的市场估值。该图展示了1975年以来

主要富裕经济体的股票市值相对于国内生产总值的模式,以及1979年以来11国的平均水平。日本再次显示出非典型的轨迹——在1989年达到130%的创纪录水平后,这一比率在2002年互联网泡沫破灭后骤降至53%。相较之下,其他国家的情况比较相似。20世纪80年代和90年代,该比率分两个阶段上升：2001年达到最高值,2001年经济紧缩和2008年金融危机后又分两个阶段下降。尽管出现了部分回流,但长期上升幅度相当大。平均比率从1979年的24%上升到2015年的85%,1999年达到顶峰,为111%。这一发展趋势在美国和英国最为显著,分别从1975年的40%和35%上升到2014年的146%和2012年的112%,而2001年的峰值分别为146%和171%。德国也出现了同样的趋势,尽管水平要低得多。1975年,股票市值占德国国内生产总值的10%,到千禧年达到64%的水平,2014年稳定在47%。

最重要的是,在当代股票市场上,虚拟资本的积累与对化石燃料的依赖密切相关。当前的市场趋势表明,资本对未来的预测仍然以碳为基础。大型石油公司宣称的碳氢化合物储量在很大程度上决定了它们的价值,因为这些储量是预测未来利润的基础。然而,根据政府间气候变化专门委员会（IPCC）的估算,如果我们要将气温升幅控制在2°C的限度之内,那么我们将不得不让这些储量的三分之二到五分之四处于闲置状态。能源行业的公司,加上直接受影响的工业部门的公司,它们占全球股票市值的近三分之一。采取必要的政治措施停止化石燃

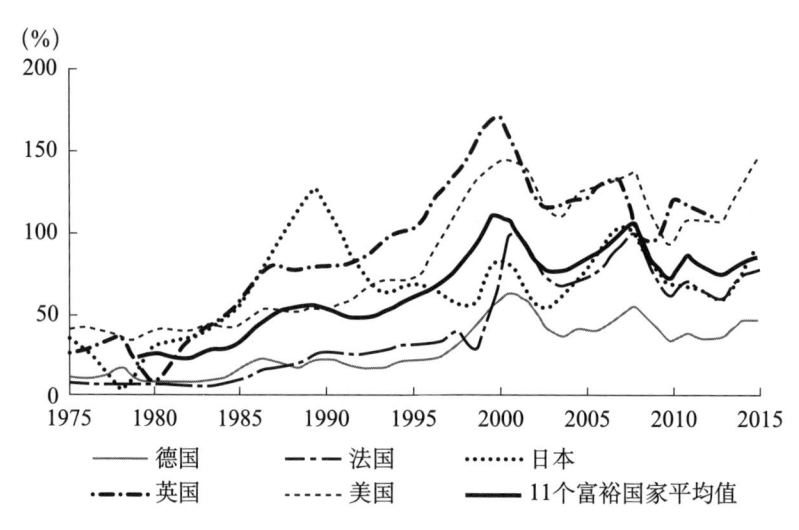

图 4-3 股票市值（占国内生产总值的百分比）

资料来源：作者使用世界银行全球金融发展指数所做的计算。

料的开采将立即导致金融市场的不稳定。英格兰银行行长马克·卡尼（Mark Carney）在 2015 年秋季提出了"地平线悲剧"的警告。"悲剧"是指这些变化可能产生的影响超出了决策者自身的时间范围：

> 对前景的全面重新评估，尤其是突然发生的重新评估，可能会破坏市场稳定，引发顺周期的损失固化和金融条件的持续紧缩。换句话说，突然解决前景悲剧本身就是一种金融稳定风险。

在这里，股票市场上的虚拟资本直接阻碍了应对全球变暖的斗争。

图 4-4 显示了主要国家（这些国家拥有足够长时期的股票市场数据）不同类型虚拟资本的总权重相对于国内生产总值

的比例。值得注意的是，在这里，不同地区之间的差异呈下降趋势。在日本，这一比例在20世纪80年代末的极端投机事件中达到了407%的最高点，但在2005年甚至超过了这一比例（415%），并逐步增长到2014年的最高点485%。德国的增长在21世纪头十年中断，而所有其他国家在此期间的增长速度都接近正常水平。均值持续上升，在短短30多年间增长了2.5倍——从1979年占国内生产总值的151%增长到2014年的358%。虽然每次金融危机（1989年、2001年、2008年）都会导致虚拟资本比重下降，但每次都会很快恢复上升趋势。

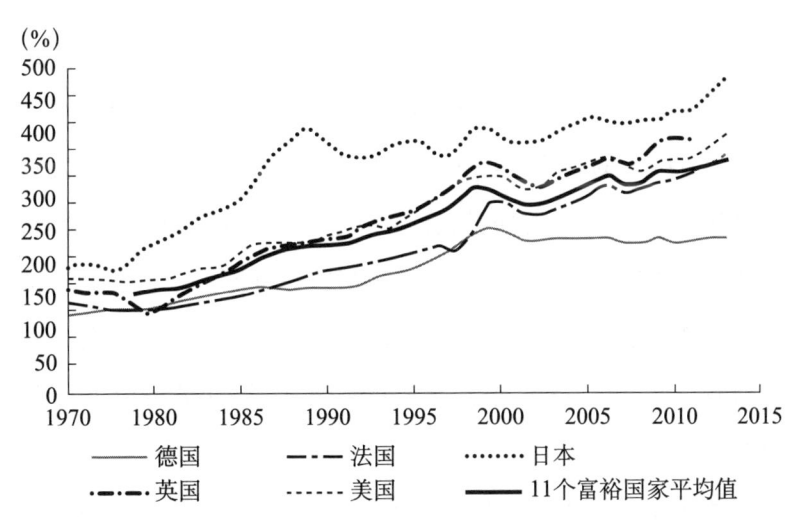

图4-4 虚拟资本基础形式的总权重（占国内生产总值的百分比）
资料来源：作者使用图4-1、图4-2和图4-3的数据所做的计算。

简而言之，虚拟资本的不同基础形式结合在一起，确保了这一类别在整个相关时期（包括2008年金融危机之后）的总体扩大。换句话说，在过去的30年里，与实际生产的财富数量相比，未来价值化过程中的预期价值量不断增加。

虚拟资本：金融怎样挪用我们的未来

虚拟资本的复杂形式

虚拟资本基础形式的繁荣建立在积累动力的基础上，其中信贷自由化、采取新的反通货膨胀货币政策以及资本流向"北方"国家等因素发挥了至关重要的作用。自20世纪80年代初以来，即使是金融危机造成的暂时性衰退也没有扭转这一趋势，公债承担了信贷收缩和股票价格下跌所带来的压力。在更定性的层面上，虚拟资本的扩张使其超越了基础形式。过去一些微不足道的工具，如今随着发展和变得复杂精妙，正在真正深刻地改变着金融领域（Krippner，2011）。[①] 第一个决定性因素是银行中介的衰落，转而支持市场融资（在金融市场上发行股票和债券）。这一发展趋势首先影响到英美世界的金融业，并逐渐在所有富裕国家蔓延开来，尽管速度不一。信息和通信技术为打破银行的垄断做出了贡献，使人们更容易获得公司数据和股票报价，并提高了金融市场在速度和交易量方面的效率。

借款人之所以采用股权融资，是因为股权融资可以使他们获得较低的利率。这也意味着为了获得资金，企业需要发布更加正式的信息，从而摆脱与银行家之间通常被认为过度干涉的关系。对于资本提供者来说，市场融资的优势在于，在正常时

[①] 罗伯特·古特曼（Robert Guttman）完美描述了这一过程，参见 Robert Guttman（1996，2008）。

期，他们可以随时变现。这种流动性为储蓄管理提供了更大的灵活性，这对集体基金和养老基金以及近几十年来负债大幅增长的保险公司都至关重要。

第二个重要方面是20世纪70年代随着布雷顿森林货币体系的解体而出现的汇率自由化。货币波动为投机提供了机会，而对于非金融主体来说，则需要扩大覆盖面。灵活的汇率和市场融资使得发行虚拟资本的新部门激增，这些部门与生产流程的距离比基础形式更远。掉期合约、结构性产品和期权合约不断增加并相互组合。它们受限于金融参与者自身的想象力。后者的创造力确实非常活跃，但仅限于重新定义连接资金提供者和借款人的合同安排类型。因此，从20世纪80年代到21世纪头十年，狂热的金融创新不过是债务链组织手段的倍增。这些虚拟资本的新形式大体上在一个不受监管的灰色地带蓬勃发展起来，与官方金融市场（即所谓的"影子银行"）分离开来。

研究当代金融的作者们经常恰如其分地强调"银行脱媒"的过程。在这个过程中，借款人越来越多地通过金融市场而非银行来满足他们的融资需求。然而这种现象存在着矛盾之处，银行中介作用的减弱最终导致借款人和储蓄人之间的中介机构增多。事实上，这种分散的中介是影子银行的特征。

银行的传统中介作用包括在储户和储户之间建立关系。它涉及两种不同操作的结合，第一种操作包括信用的质变。虽然接受银行贷款的家庭或公司违约的风险相对较大，但银行本身更加稳健，私人通过储蓄和经常账户向银行提供的信贷也更加安全。考虑到国家对银行体系的显性和隐性支持形式的存在，尤其是考虑到银行拥有获得中央银行发行的货币以及存款担保机制的特权，这一点就更是如此。第二种操作允许转换期限，这意味着将（通常是短期的）存款换成长期借款。这种双管齐下的中介运作方式使储户能够从与风险和监管的多元化和共同化相关的规模经济中受益。

随着金融自由化的推进，银行的中介作用面临着来自共同基金或货币基金等新参与者的竞争。为了应对这一威胁并寻求从新的机会中获利，它们试图绕过监管当局对必要准备金的监管，从而使它们能够节省自己的资金，将部分资产转移到特殊目的载体，促进新型银行体系的发展。

影子银行是一种平行的信贷系统，它将中介功能分解为多个阶段（Poszar, Adrian, Ashcraft et Boesky, 2013）。罗伯特·古特曼强调，它既不同于受监管的银行体系中介的金融，也不同于交易公开的市场金融——它是一种"网络金融"，是由众多不透明且相互依存的双边交易构成的特定金融形式。它倾向于将金融转变为一种我们可以称之为多重中介的模式。最终借款人与初始贷款人之间的联系被拉长。整个链条上的佣金和费用形式捕获了金融收益。从借款人端来看，该链条的主要环节包括：（1）向家庭或企业发放贷款或发行衍生产品；（2）对其进行打包；（3）基于这些金融产品包创建资产支持证券；（4）将这些证券组合（包括期权合约）组合起来，形成一种金融"千层饼"——债务抵押债券；（5）在金融市场上向投资者出售。

支撑这些链条运作的一系列机构通过货币基金和回购市场与经济的其他部分相连。前者类似于一种准货币。它们以通常流动性很强的房地产信贷和商业票据（对公司的短期信贷）投资的形式向家庭和企业（以及公共机构）提供报酬。回购市场也是短期贷款市场。它们被证券化，因为借款人向贷方提供股权作为抵押品，相当于贷款加上风险计算（Ragot，2013，pp. 389 - 393）。这些货币市场是2008年金融危机蔓延的主要渠道，当它们突然枯竭时，就阻碍了家庭和企业获得信贷以及银行间相互获得信贷。

总的来说，影子银行的运作方式在传统银行的期限转换和信用质量转换等功能基础上，又增加了一项流动性转换的功能。具体而言，影子银行将零散贷给个人和企业的贷款进行组合，由于结合了不同类型的风险（例如不同的期限、不同的借款人类型），这些组合成的新证券能够比单个贷款标的以更高的价格出售。当然，评级机构提供的信用评级也为这些证券的流通性提供了背书……

对经典银行体系监管框架的背离，无疑为美国银行业注入了新的活力。然而，它也带来了更大的不透明和风险衡量的缺失，借款人和储蓄人之间的关系变得难以评估。最终，这导致了我们现在都知晓的灾难性后果。在大西洋彼岸，欧洲传统大型银行在影子银行的国际化进程中发挥了关键作用（Plihon et

Jeffers，2013）。一方面，它们通过积极地在货币市场上借贷以及大量购买美国机构发行的衍生产品和结构性信贷，与美国平行银行体系建立了联系。另一方面，它们通过共同投资基金（UCITS）和其他基金创建和发展了自己的平行中介体系。这些基金利用储户存款和银行获得欧洲央行再融资的机会，以此来支持激进的投机策略。

总体而言，最初因银行信贷相对减少而受到威胁的商业银行越来越多地参与证券市场，并大量投资于影子银行体系。它们的自营业务使市场更具流动性，从而更安全。此外，它们提供的资金通过负债（杠杆效应）促进证券的购买。最后，通过层层嵌套的方式，它们接受证券作为贷款的担保，以便获取更多证券，从而使它们能够用很少的初始资本实现相当可观的交易规模。按照类似于明斯基所描述的逻辑，这将创造出对金融产品自我维持的需求，因为资产价格的上涨会增加可用抵押品，从而释放贷款用于购买新的证券。

在这种以衍生产品和影子银行发展为标志的新环境下，投机活动不再局限于繁荣时期。相反，它成为一种独立于周期性过程的活动，这尤其得益于衍生产品的灵活性。在这里，我们看到了极其动态的虚拟资本的化身。然而，从经验层面捕捉这种复杂形式的虚拟资本的爆发式增长却并非易事，一方面是因为我们没有足够广泛的数据序列，另一方面是因为不同类别之间存在重叠。不过，交易市场演变、衍生产品交易以及平行银行体系规模等数据确实表明，近期复杂形式的虚拟资本正在迅速增长。

第四章 虚拟资本在当代的崛起

在过去25年间，交易所的每日交易额大幅增加。为了评估这些交易的虚拟层面，我们需要将它们与商品贸易流量和外国直接投资（FDI）的规模进行比较，参见图4-5。从1989年到2013年，每天在交易所交换的资金额从6 200亿美元增加到53 440亿美元。值得注意的是，与商业或投资活动相对应的交易与纯粹金融性质的交易之间存在巨大差异。在该时期的开端，后者是前者的70倍，到末期则是100倍。继20世纪80年代的快速增长之后，这一发展趋势本身分两个阶段进行（Chesnais，1997）：20世纪90年代强劲增长，随后在21世纪头十年初期因新兴经济体金融危机（包括亚洲、俄罗斯、土耳其和阿根廷危机）和互联网泡沫破灭的双重打击而消失殆尽；然后在21世纪头十年再次出现更强劲的复苏，但这次似乎没有受到美国次贷房地产信贷危机的影响。另一个让人注意的元素是即期交易份额的相对下降，从1989年的56%下降到2007年的22%，转而支持衍生产品合约。我们或许还记得，直到1972年芝加哥商品交易所赢得创建货币期货市场的艰难谈判后，这些衍生产品才问世。

衍生产品的整体数据（包括交易所衍生产品）甚至更加零散。国际清算银行的数据系列从1993年开始针对有组织的市场，从1998年开始针对场外市场（即在任何监管框架之外进行的交易）。尽管如此，即使在这个有限的时期内，发展趋势依然令人震惊。这些合同的金额在1998年相当于世界生产总值的3倍，到2007年则超过10倍，然后在2015年回落至

77

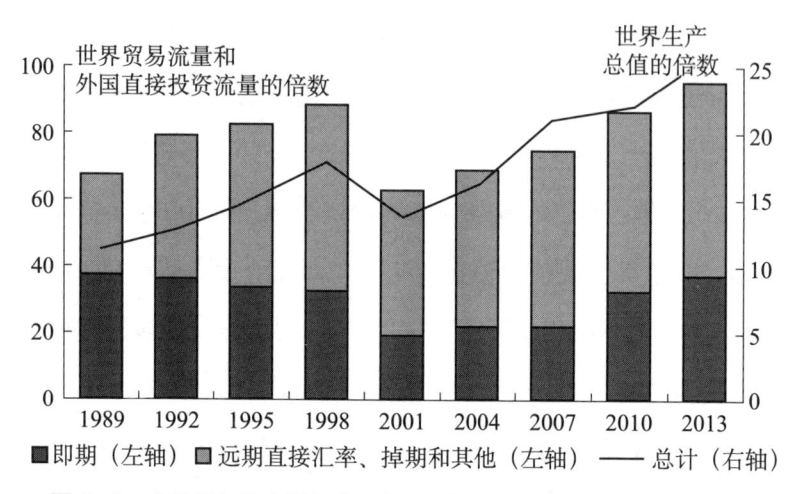

图 4-5 交易所每日交易与商品贸易流量和外国直接投资的规模比较

资料来源：作者使用国际清算银行（Bank for International Settlements）、联合国贸易和发展会议（UNCTAD）以及国际货币基金组织（IMF）数据所做的计算。

6.7倍（见图4-6）。这个金额应该以相对术语来理解，因为它涉及名义价值，也就是建立不同衍生产品合约所依据的证券的价值。尽管如此，实际投入的金额仍然相当可观，它在2008年达到国内生产总值的55%，到2005年下降到20%。

另一个值得注意的事实是，这些衍生产品首先在场外交易（不受任何形式监管的交易）的背景下蓬勃发展。这就是累积杠杆效应高达50倍的原因。仅20 000欧元的初始资本就可以投资100万美元，其余都是借来的。当一切顺利时，这会产生丰厚的回报。相反，仅仅2%的下跌就会损失全部基础资本，并导致整个交易链崩溃（Tett，2007）。

"第二代虚拟资本的爆发式增长"也体现在美国自20世纪80年代以来平行银行体系的飞速发展中。当时，平行银行体

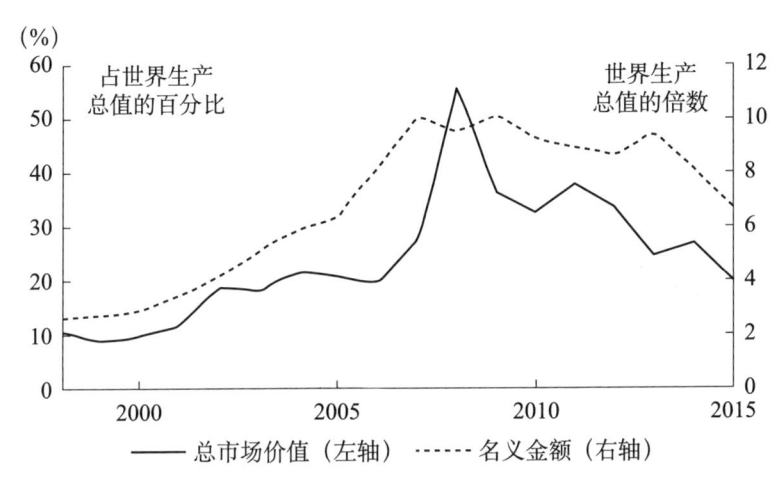

图4-6 场外衍生产品合约未平仓总额

资料来源：作者使用国际清算银行和国际货币基金组织数据所做的计算。

系提供的信贷仅占银行信贷的一小部分，但从20世纪90年代中期开始变得更加重要，到2007年接近17万亿美元（约占美国国内生产总值的120%）（Poszar et al., 2013）。最近，金融稳定委员会（Financial Stability Board）关于影子银行的年度报告为国际比较非银行、非保险、非养老基金、非公共金融中介机构的规模提供了依据（见图4-7）。该行业的崛起在英国尤其引人注目，从2002年占国内生产总值的11%上升到2011年的42%。在其他地方，增长虽然没有那么惊人，也仍然非常显著，通常意味着这些金融机构的规模在21世纪初翻了一番，并在金融危机之后出现了一定程度的下降（尽管在美国下降幅度比较明显）。我们还知道，就影子银行规模相对于国内生产总值的比例而言，英国是迄今为止风险最大的国家，其次是欧元区。

图 4-7 非银行、非保险、非养老基金、非公共金融中介机构的资产（占国内生产总值的百分比）

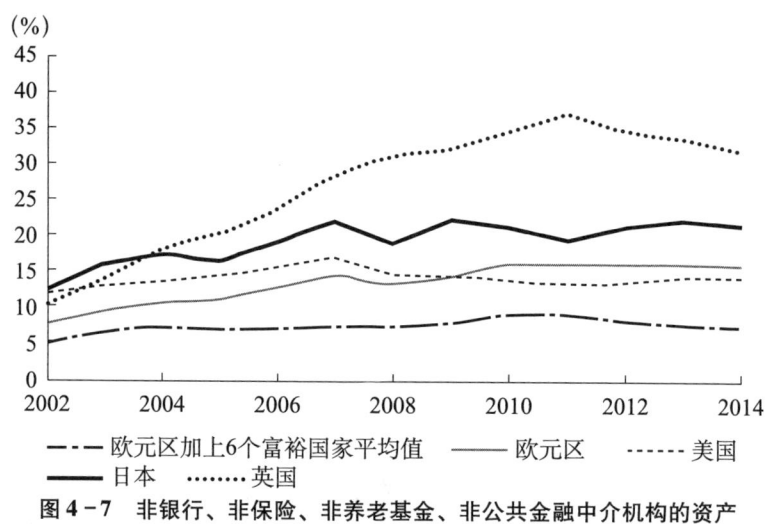

资料来源：作者使用金融稳定委员会和 OECD 数据所做的计算。

　　哈耶克和马克思使用的"虚拟资本"概念之所以宝贵，在于它直接提出了实际积累和金融化积累之间存在的问题关系。虽然哈耶克认为虚拟资本会扰乱资源配置并导致浪费，但马克思的观点更加微妙。对他而言，价值增殖过程的预期验证可以在一定程度上刺激实际积累过程。尽管如此，他还是清楚地强调了金融幻象可能带来的破坏性影响。此外，他的虚拟资本概念超越了奥地利学派所关注的银行信贷这个具体问题。因此，马克思的分析框架更加丰富和细致。通过他的虚拟资本类型学，我们能够描述过去几十年间不同形式虚拟资本的繁荣景象。

　　虚拟资本的爆炸式增长揭示了与商品生产相关的积累过程所验证的价值数量的眩目增长。这种动态出现在金融活动放松管制和汇率灵活的背景下，源于传统负债渠道和股市价值化渠道的扩大。它现在已经翻了一番，第二代金融作为第一种虚拟资本的衍生产品正在发挥作用。在过去 30 年间，这种现象蔓延到所有大型经济体。然而，德国和日本则与其他国家有所区别。德国基础形式的虚拟资本权重上升在 21 世纪头十年初期中断，而日本 1990 年的金融危机导致虚拟资本萎缩了 10 年。这一跌幅现在已经完全被抵消了。

毫无疑问，当我们做研究时，我们的主要教训是：虚拟资本基本形式的各种化身（信贷、股票市场定价和公债）结合起来，在相关时期造成了虚拟资本的定期扩张。我们应该强调，从整体层面来看，2008 年发生的金融危机并不是转折点。相反，它终结了过去 20 年中某些复杂形式的虚拟资本（例如衍生产品和影子银行）的极速扩张。货币兑换业务是例外，它的规模仍在继续增长。

第五章

金融化积累

格丽塔·克里普纳在她广受争议的著作《资本化危机》（*Capitalizing on Crisis*）中将金融化定义为资本积累的重新定向，也就是从生产和商业活动转向与金融有关的活动。20世纪70年代和80年代，金融市场管制的放松、利率的上升以及国际资本的涌入导致了经济重组，人们越来越多地通过金融渠道寻求利润。她的书以实证方式记录了美国直到2001年危机前的这一现象，因此具有双重价值。首先，它将资本主义的动力（即利润）置于金融化的中心；其次，它让我们了解到一个经常被提及但却很少被全面把握的过程的全貌，并确定了这一过程的轮廓。

本章将采用同样的方法，以说明金融化积累的转向并不局限于美国。考虑到克里普纳所用的数据对于主要发达经济体来说难以获得或并不完整，我将避免提供像她那样系统全面的概述。尽管如此，我们还是可以从经验的角度来说明这些经济体的一个共同的显著趋势，尽管在每个国家的形式和强度都不尽相同。

我们可以利用三类指标来证明经济正在金融化——金融部门的权重、该部门利润相对于整体利润的重要性以及金融利润在非金融企业中的动态。

金融部门的权重

我们可以看到，自20世纪80年代以来，金融部门的权重持续上升。图5-1列出了金融的广义定义，包括所有金融、保险和房地产业务。图中显示，在主要富裕国家，金融业的附加值在国内生产总值中所占的百分比持续上升，在此期间平均上升了50%。这一发展程度表明，除了服务业的重要性增加之外，大型发达经济体的结构性突变特征是金融化——自金融危机以来，这一过程在美国和法国等国已经停止，在日本和德国正在消退。

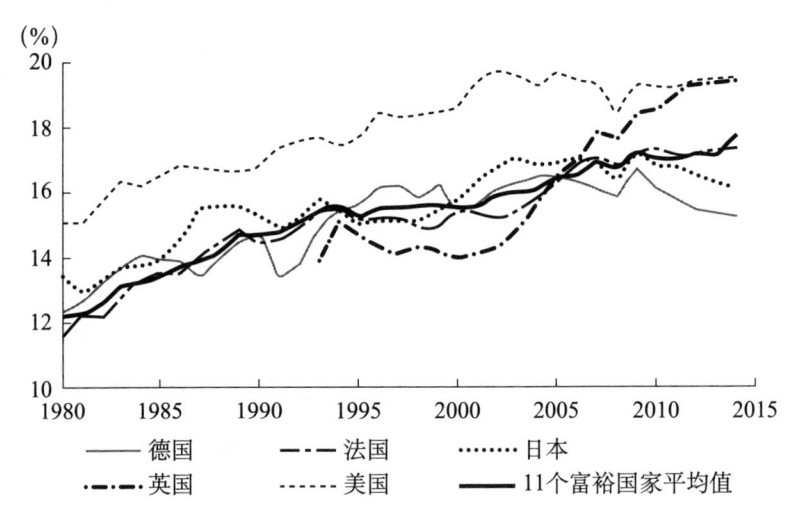

图5-1　金融、保险和房地产业务增加值总额（占国内生产总值的百分比）
资料来源：作者使用OECD数据所做的计算。

图5-2显示的仅是金融和保险业务的增加值。尽管趋势大致相同，但我们发现各国的发展轨迹反差较大。直到21世纪头十年末，美国和英国的上升趋势尤为明显，但自20世纪90年代以来，这些业务在法国、德国和日本经济中的比重并没有普遍上升——在法国，这些业务的比重其实有所下降。

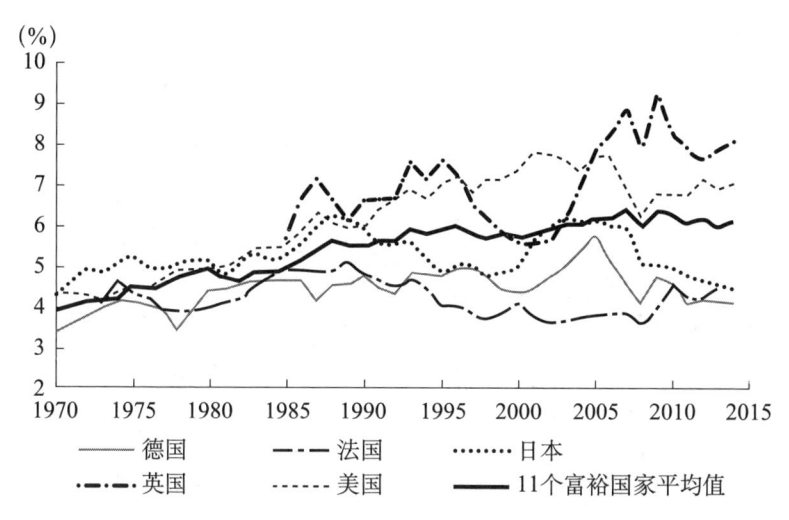

图 5-2 金融和保险业务增加值总额（占国内生产总值的百分比）
资料来源：作者使用 OECD 数据所做的计算。

图 5-3 显示了金融和保险业务利润占总利润的比例。这些计算基于利润总额（营业利润总额），原因既涉及统计数据的可用性，也是为了避免与计算摊销相关的问题。结果表明，平均而言，从 1980 年到 2008 年金融危机前，这一份额一直在增加。在美国，大部分增长发生在 20 世纪 80 年代末和 90 年代。在英国和日本，动态变化不太均衡，在 21 世纪头十年出现了激增。

反观法国，20 世纪 80 年代的增长迅速结束，随后开始缓慢下滑，直至 2008 年金融危机爆发。我们可以注意到，在危机后的背景下，由于政府救援措施的有效性，该行业在整体利润中所占的份额有所回升，而经济的其他部分则仍处于停滞状态。德国的数据并未显示出任何长期趋势。

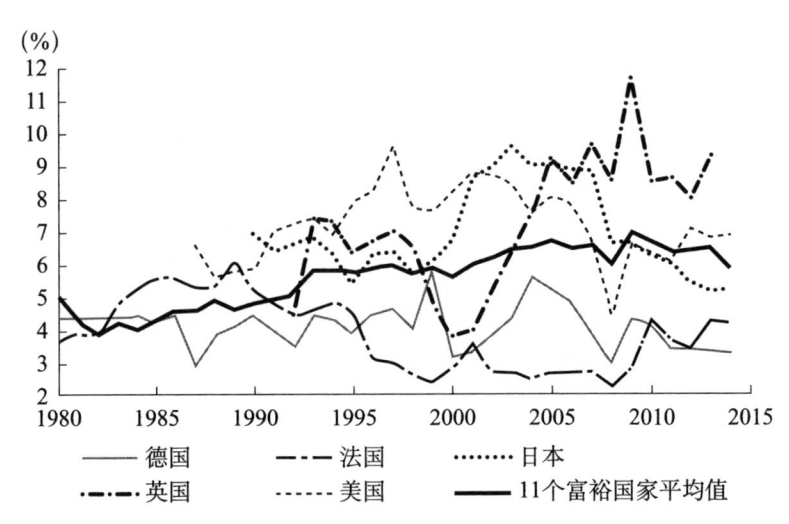

图 5-3　金融和保险业务利润总额（占国内生产总值的百分比）
资料来源：作者使用 OECD 数据所做的计算。

非金融企业收入的金融化

非金融企业的金融收入是第三个指标，它有助于说明向金融化积累的转变。它确定了该部门的利润总额与其获得的股息和利息之间的关系。有关资本收益（以高于购买价的价格转售证券所获得的利润）的数据只有美国的。不过，我们可以认为，资本收益在所有企业的金融收入中并不占主导地位，因为在美国，自 20 世纪 90 年代以来，资本收益的份额一直在 20% 和 30% 之间波动。[1]

---

[1] 参见 Krippner（2011，p.38）。对于 21 世纪头十年，作者的计算基于国内收入署（Internal Revenue Service）的数据：http://www.irs.gov/uac/SOI-Tax-Stats-Returns-of-Active-Corporations-Table-6。

图 5-4（a）至图 5-4（e）显示了强烈的矛盾发展趋势。法国是一个极端的例子。自 20 世纪 70 年代以来，法国非金融企业的金融收入相对于利润持续增长，从占营业利润总额的 8% 上升到 2008 年的 88%。法国金融收入相对于营业利润总额的大幅增长与 21 世纪头十年非金融企业利润率的下降有关。此外，与其他国家相比，法国的税收制度更多地干预企业的经营层面，而不是企业的利润层面。有趣的是，在金融危机之后，金融收入的这一比例有所下降。

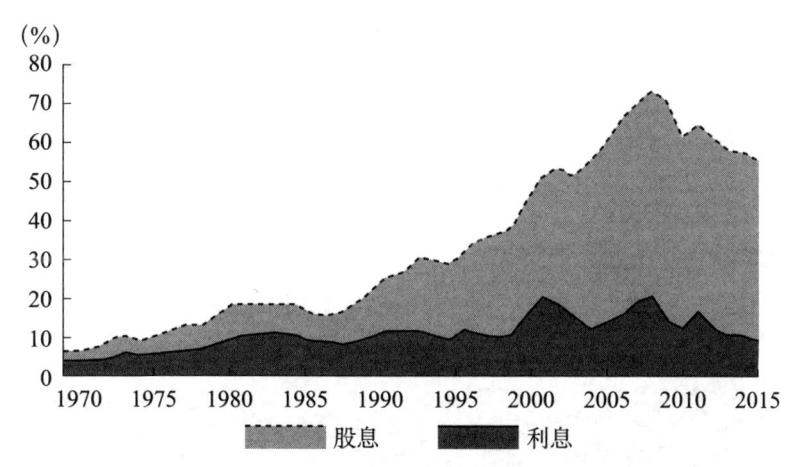

图 5-4（a） 非金融企业的金融收入——法国
（占营业利润总额的百分比）

资料来源：作者使用 OECD 数据所做的计算。

至于德国和日本，相关数据只能追溯到 20 世纪 90 年代。在德国，金融收入占营业利润总额的比重从 20 世纪 90 年代的 10% 左右上升到 21 世纪头十年末的 15% 以上，这一水平略低于英美国家，但也表明这里正在发生重大变革。在日本，非金融企业的金融收入所占比重要低得多，它在 20 世纪 90 年代的

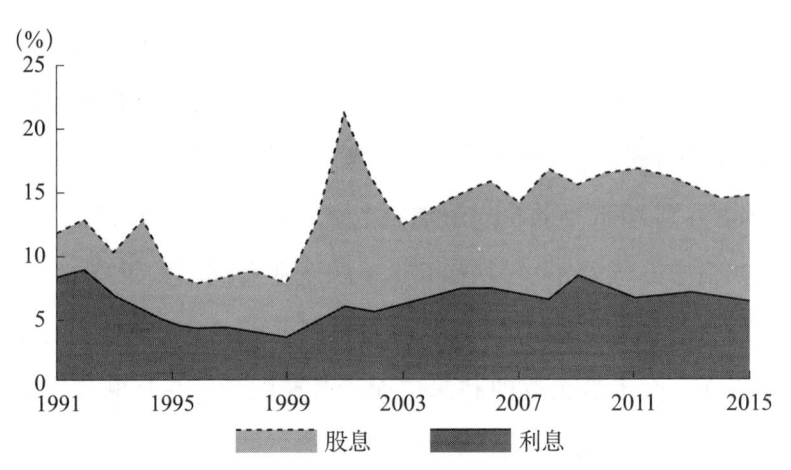

图 5-4（b） 非金融企业的金融收入——德国
（占营业利润总额的百分比）

资料来源：作者使用 OECD 数据所做的计算。

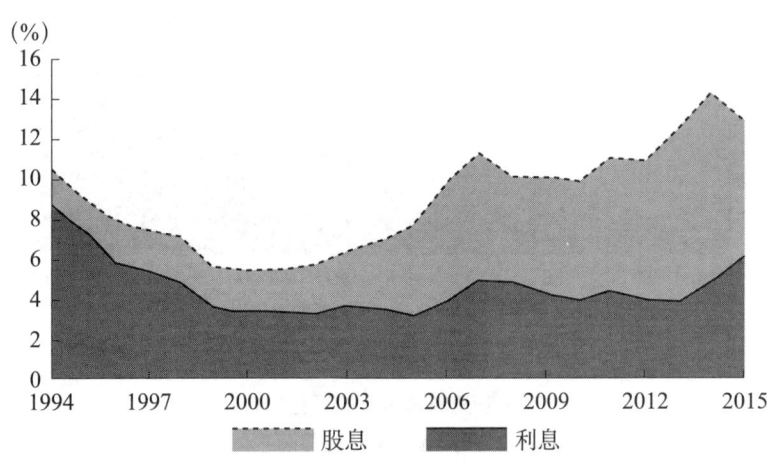

图 5-4（c） 非金融企业的金融收入——日本
（占营业利润总额的百分比）

资料来源：作者使用 OECD 数据所做的计算。

下降阶段之后出现了明显的复苏，直到 2008 年金融危机爆发。值得注意的是，在这两种情况下，所获股息的权重都显著增加。

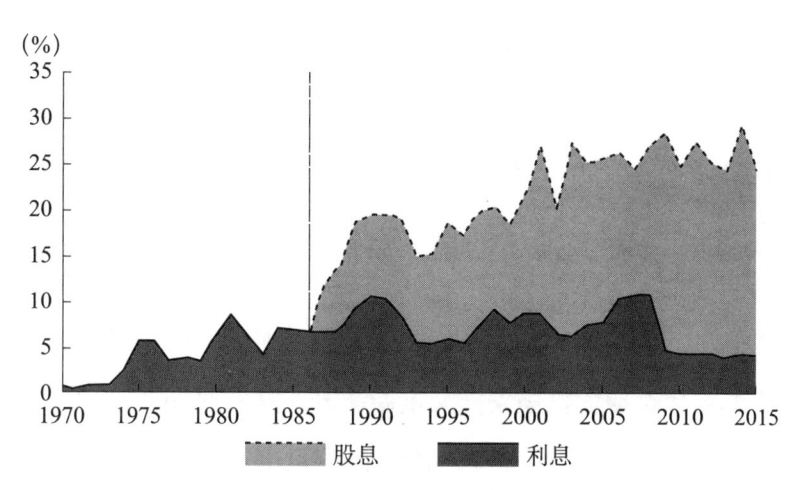

图 5-4（d） 非金融企业的金融收入——英国
（占营业利润总额的百分比）

资料来源：作者使用 OECD 数据所做的计算。

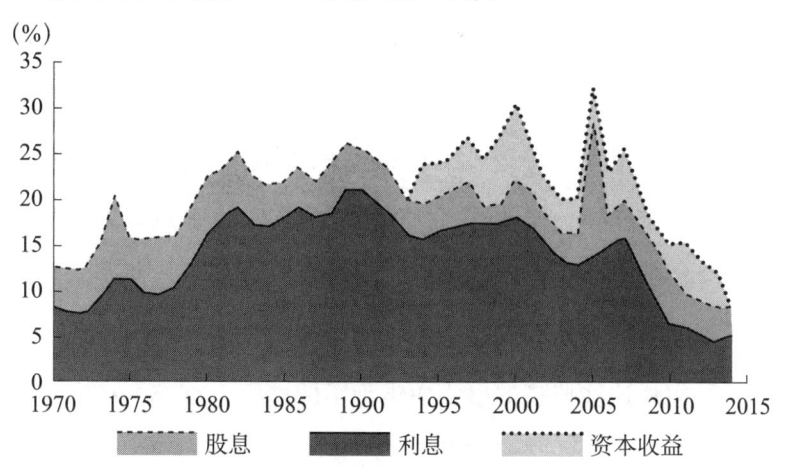

图 5-4（e） 非金融企业的金融收入——美国
（占营业利润总额的百分比）

资料来源：作者使用 OECD 数据所做的计算。

就英国而言，利息数据显示，直到 20 世纪 90 年代初，利息增长缓慢。1987 年才开始的股息数据表明，在 20 世纪 80 年代末期，股息迅速增长（从 1987 年的 7.2% 增至 1992 年的

14.4%），此后持续增长，足以弥补利息收入的下降。

　　美国的模式则截然不同。首先，在美国，利息占公司金融收入的大部分，包括将流动资产投资于美国高度发达的货币基金所获得的收入。其次，我们可以看到，由于资本收益的存在，20世纪70年代和80年代的显著增长一直持续到20世纪90年代。随后，在互联网泡沫破灭后出现了短暂的下降，而在2008年金融危机爆发前又重新飙升，这一时期的平均水平约为国内生产总值的25%，远高于20世纪70年代，直到金融危机之后，才出现了惊人的回落。

　　我们应该谨慎地从这些图中得出结论，尤其是考虑到由于各国在会计实务和税收方面的差异，对数据集进行比较的可能性有限。尽管如此，这些图确实表明，非金融企业的金融收入相对于利润呈上升趋势。美国的这一比率从20世纪90年代开始趋于稳定，而英国的这一比率增长有限，这一点应结合我们之前介绍的金融企业利润数据来看待。事实上，这两个国家的金融部门利润在所有利润中所占的份额增长最大。

　　我们从这些典型的事实中学到了两件事。首先，在上述五个国家中，广义的金融部门（包括房地产业务）的比重自20世纪70年代以来似乎一直在强劲增长。

　　其次，它们证明了金融利润的相对权重正在增加，为金融化概念提供了经验基础，这是金融渠道的积累问题。利润金融化是一种普遍趋势，但日本除外，因为日本在20世纪90年代初的危机中停止了这种趋势。然而，利润金融化的发展核心在每个国家都不尽相同。在法国和德国（德国程度较低），利润金融化的主要动力是非金融公司金融收入的增加，而在英美国家，主导因素是金融行业利润的飙升。在我们研究的现阶段，要解释这种反差并不容易。这可能是由于会计核算上的技巧问题，比如金融部门和非金融部门的持股划分规则；也可能是由于更多的结构性因素，比如与海外运营公司股份相关的收入的相对重要性。即便如此，这些数据还是有力地证明，金融方法对资本积累越来越重要。

克里普纳著作的一个缺陷是没有深入探讨这些金融利润的本质——它们从何而来？虽然她指出了金融化的原因，却没有研究金融化带来的社会政治矛盾。这些问题再尖锐不过了。

第六章

金融利润从何而来？

第六章　金融利润从何而来？

虚拟资本相对于创造财富的增长，其对应部分是金融利润在整体利润中所占份额的上升。但是，这些金融利润本身并不是虚拟的。它们以现金支付，具有货币权力的所有属性，首先表现在通常所说的购买力方面，即对创造财富的即期提款权。它们与其他利润的唯一区别在于，它们与商品的生产和交换没有直接联系——它们是金融过程产生的回报。

毫无疑问，金融可以通过将资本从衰退部门重新分配到扩张部门，为价值生产创造有利条件。这是金融的一个重要方面。我们稍后将再次讨论这个问题。即便如此，金融本身从来都不是价值创造的源泉。金融利润是价值的化身，但不是价值生产的结果。因此，我们应将金融利润视为从生产价值的活动（来自劳动的收入和/或来自商品和服务生产的利润）中转移出来的收入。这不是一个简单的理论问题，它的政治意义极为重要。确定金融利润的经济来源是解释其社会内容的必要条件，最终也是思考其对当代资本主义发展轨迹的影响的必要条件。

这些利润是一种特殊的利润，形式各不相同。它们的共同特点是与货币资本的流通有关。① 这些利润来源于闲置资金的有偿使用。这些利润来自最被崇拜的资本形式，这种形式体现了货币的神奇增长能力，无须承担生产风险，就像梨树结梨一样。它们既来自贷款业务、金融资产的股份所有权和交易带来的收入，也来自金融机构的利润。因此，我们可以将三类主要

---

① 科斯塔斯·拉帕维察斯对马克思主义的金融利润概念进行了详细的研究（Costas Lapavitsas, 2013, pp. 138-168）。我在下文的论证中利用了这一研究，但我的部分观点与他的方法不同，包括对资本收益的分析。

收入视为金融利润：利息、股息和通过处置资产实现的资本收益。这些利润可以使家庭致富（加剧不平等），也可以使非金融企业和金融机构致富。还有一类金融利润与金融公司从它们管理资金流的活动中获取的利润有关。①

利润的异质来源

金融利润最简单的形式是贷款业务期间收取的利息。此类收入的社会内容各不相同，包括提供给家庭的贷款和提供给国家甚至公司的贷款。

转让所得利润

家庭支付的利息相当于前资本主义形式的收入，马克思本人也注意到了这种收入的持续性。我们应该感谢科斯塔斯·拉帕维察斯，感谢他让我们认识到这种利息在当代经济中发挥着越来越重要的作用（Lapavitsas, 2013; Lapavitsas et Levina, 2010）。这些转让后的利润相当于从个人家庭收入中直接扣减。这是一种二次剥削形式，与生产过程中剩余价值的榨取无关。马克思区分了两种形式的二次剥削。在第一种形式中，工人在形式上保持独立，但他们获得生产资料的条件是特定的高利贷阶级向他们提供贷款。在第二种情况下，利息来自为消费提供

---

① 准确地说，我们还应该把金融人员乃至非金融企业金融部门人员所领取的高额工资和奖金计算在内。的确，这些工资与金融利润具有相同的社会内涵，尽管国家会计机构并没有将其正式记录在案。遗憾的是，现有数据不允许我们对这一层面进行探讨。关于这一点，参见 Godechot（2013）。

资金的贷款。在每种情况下，利息都是从借款人那里征收收入的一种手段，而不经过生产过程。"高利贷资本有资本的剥削方式，但没有资本的生产方式。"（Marx，1968，pp. 241－248）

自20世纪70年代以来，主要富裕经济体的家庭负债率大幅上升。在这些国家中，每个国家的家庭贷款额相对于国内生产总值都增长了一倍或两倍（见图6-1中的相关数据）。在日本和德国，这一上升趋势在21世纪头十年初被打断。请注意，在危机前夕，英美国家的家庭负债相对于国内生产总值的水平特别高，接近国内生产总值的100%，随后出现了快速收缩。

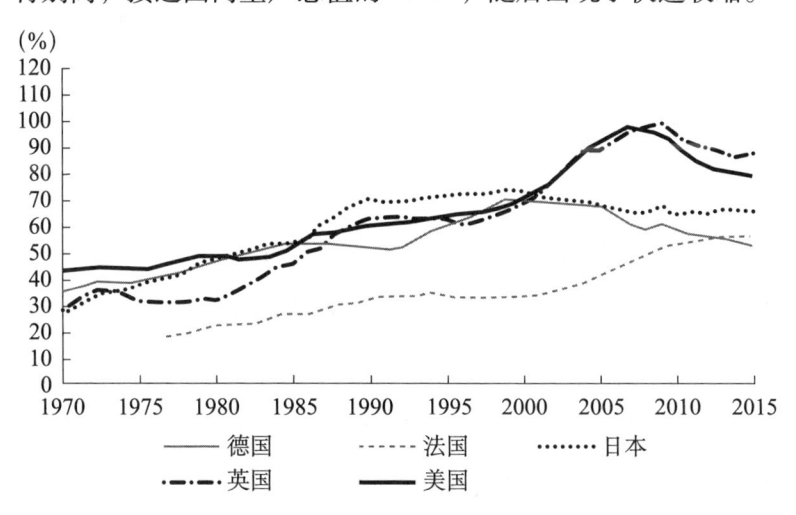

图6-1 家庭和为家庭服务的非营利机构的债务
（占国内生产总值的百分比）

资料来源：作者使用国际清算银行的数据所做的阐述。

随着家庭负债的增加，无论是用于住房、学习、购买汽车等耐用品，还是用于即期消费，转让所得利润也随之增长。消费信贷是这一趋势中最引人注目的做法之一，专业公司以高利贷利率运作。截至 2014 年 4 月，法国领先的消费信贷公司 Cofinoga 的实际年利率为 19%，而欧洲央行的再融资利率为 0.25%。这一现象也表现为家庭过度负债，家庭收入已不足以偿还对债权人的欠款。由于失业率上升等原因，这一现象已大大加剧。在法国，负责解决这一问题的法兰西银行（Banque de France）委员会记录的破产案件数量从 20 世纪 90 年代初的 6 万件上升到 2007 年的 15 万件，2012 年继续超过 20 万件。

金融资本对劳动收入的这种先占性在宏观经济层面上也非常明显，尽管现有的数据并不允许我们对长期动态做出一致的解释。有三个主要变量可以解释家庭相对于可用收入所支付的利息额：负债、收入动态和利率。20 世纪 80 年代，随着实际利率的飙升和债务的增加，法国和美国的这一比率有所上升。20 世纪 90 年代，随着利率的降低和经济增长的恢复，尽管债务不断增加，但这一比率却有所下降（见图 6-2 左侧）。自 20 世纪 90 年代末以来，利率一直保持在较低水平，2001 年和 2008 年金融金融危机后，利率出现了两个阶段性的明显下降。图 6-2 右侧显示，在 21 世纪头十年初，尽管美国和英国的债务迅速上升，但利率的首次下降使利息支付的比重趋于稳定，而在日本和德国的债务趋于稳定后，利息支付的比重持续下降。相反，在英美国家，2006 年后债务加速增长和利率攀升导致金融对收入的消耗增加，最高时超过 10%，当次贷借款人无法承受这一不断增长的负担时，就引发了金融风暴。然而，该图给我们的主要启示是：由于负债，家庭向金融机构支付的收入非常可观，它占家庭可支配收入的5%～8%，各国不一。因此，转让所得利润对资本主义整体动态的重要性不容忽视。

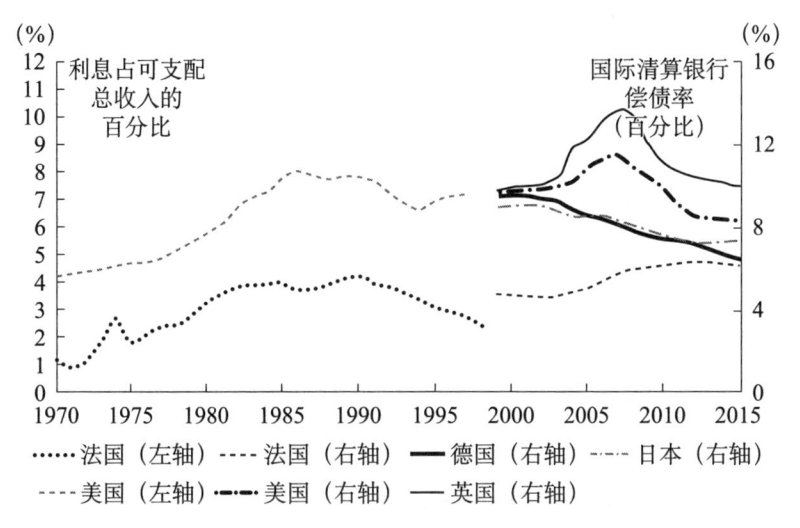

图6-2 家庭和为家庭服务的非营利机构的债务清偿

资料来源：作者使用OECD、国民账户和国际清算银行（右轴）数据所做的计算。

在社会政治层面上，家庭负债助长了债权人与工薪阶层/借款人之间的对立关系。然而，这种关系很难表现出来，因为与工资关系不同，它先验地将每个家庭孤立地而不是集体地与债权人对立起来。然而，在受房地产泡沫破裂影响最严重的国家，驱逐房客事件激增，这确实使人们部分地见证了一种共同的经历。西班牙的"受房地产泡沫影响者平台"（Plataforma de Afectados por la Hipoteca）和美国的"罢债"运动（Strike Debt）因此得以围绕这一主题开始社会动员。

从公债中获取政治性利润

危机还波及债务和债务的合法性。无政府主义者、人类学家大卫·格雷伯（David Graeber）试图挑战债务与罪责之间的关联，并提出了国际债务和消费者债务"大赦"的建议，该著作产生了相当大的影响。自 20 世纪 80 年代以来，非政府组织和社会运动——比如废除第三世界债务委员会（Comité pour l'annulation de la dette du Tiersmonde）——主要从"全球北方"和"全球南方"关系的角度提出公债问题。然而，正如我们在第三章中所指出的，在过去的 40 年中，"北方"国家的公债也大幅增加。随着欧元区危机和以减债为名实施的紧缩政策，债务也成为欧洲的一个重要政治问题（Chesnais, 2011）。在法国进行的一项深入的债务审计研究阐述了质疑债务合法性的论点（Husson, 2014）。但这究竟是怎么回事？

  公债成了原始积累的最强有力的手段之一。它像挥动魔杖一样，使不生产的货币具有了生殖力，这样就使它转化为资本，而又用不着承担投资于工业甚至高利贷时所不可避免的劳苦和风险。国债债权人实际上并没有付出什么，因为他们贷出的金额转化为容易转让的公债券，而这些公债券在他们手里所起的作用和同量现金完全一样（Marx, 1963, p.1217）。

  马克思三言两语就道出了公债的本质。它是一种流动性极强、几乎无风险的资产。从历史上看，它一直是大量金融和工业私人资本积累的原材料，而且仍然是构建最复杂的一揽子金融方案的"脚手架"的平台。马克思提到公债在资本原始积累中的作用，指出了一个重要的思考方向。马克思将这一机制视为主导积累开端的经济外手段之一，并在整个资本主义发展过程中持续存在——大卫·哈维（David Harvey）称之为通过剥夺进行积累（Harvey，2005）。

公债利息不是从生产过程中提取的剩余价值的一部分，也不是直接从家庭收入中提取的，而是来自为收入流提供资金的政治操作。这些操作包括通过提高税收、降低公共开支、采取私有化和发行新债券来获取金融收入。在1970—2010年间的美国，最富有的1%的人群持有的政府债券份额从16%上升到40%以上。他们在联邦利息支付中所占的份额也呈现出类似的模式。桑迪·哈格（Sandy Hager）指出，由于减税不足以实现再分配，公债利息促使收入向最富有的1%的人群集中（Hager，2013）。该实证研究是当代争论中的一个重要焦点，尤其与凯恩斯主义学者偏好的公债讨论存在关联之处。据我所知，目前还没有关于欧洲国家的类似研究。该研究强调，如果不引入日益累进的税收和/或支出，不断增长的债务将加剧社会经济不平等。这里将涉及庞大的金额，在21世纪头十年的法国，利息占所有国家支出的10%～12%（Pucci et Tinel，2011）。

与公债相关的冲突性社会关系使以政府为代表的政治共同体与其债权人直接对抗。当然，当增长率高于利率时，公共赤字并不会加重债务。但是，公债的自由化和国际化为市场提供了可能性，只要市场怀疑一个国家是否有能力实施政策来保证它们获得预期的还款和回报，市场就可以通过提高利率来扼杀公共财政。在整个外围国家的金融危机中，这种态势反复出现，并导致了2010—2012年的欧洲危机。因此，市场的主权抢走了人民的主权（Streeck，2013）。然而，历史上也有许多单方面取消债务的例子，例如专制君主、布尔什维克革命者，或在较小程度上21世纪头十年的厄瓜多尔和阿根廷政府。这些案例以不同的方式提醒我们，公债关系最终是由政治决定的，政府可以通过简单的法令来终止这种关系。

从生产部门的剩余价值中获取的利息

第三种利息是生产活动产生的剩余价值的一部分。因此，在生产和商业价值化过程中起作用的那部分资本往往与债权人对立，因为它支付的利息要从它创造的利润中扣减。然而，我们不应夸大这种对立关系。贷款资本与工商业资本之间的关系不仅仅是零和博弈。在危机时期之外，利润率往往高于利率，这意味着从事实体经济的资本家可以通过杠杆效应提高自有资金的利润率。因此，负债是商业资本和生产资本提高盈利能力的一种手段。

企业的负债水平既取决于预期盈利能力的增长，也取决于对风险的评估。事实上，负债不仅会提高盈利能力，还会增加可变性。当公司业绩恶化或利率上升时，杠杆效应的预期优势就会发生逆转。当利润崩溃或利率上升时，负债成为一个关键变量，因为它增加了破产的风险。有一个例子能说明这种关系。1979年，美联储决定突然提高利率，这迅速影响了全球的借贷条件。在"全球南方"国家，这导致了一场债务危机，而墨西哥在1982年暂停偿债则引爆了这场危机。在"全球北方"国家，同样的利率上调造成了利润下降和破产激增。这种冲击也对工人产生了影响，他们的工资受到限制，工人纷纷下岗，最终才得以恢复盈利。总之，投资于生产过程的资本与贷款资本相互对立。然而，这种对立并不具有直接的对抗性，因为负债也可以维持公司所有者自己的薪酬。借贷资本也会间接影响工人。毕竟，当融资条件恶化时，工人最先受到公司脆弱性增加的影响。

从资本主义剩余价值中扣减的股息

支付利息后剩余的利润通过股息的形式以额外的金融形式出现。早在19世纪，股份公司的成立就导致了资本的集中，这使得大型企业（尤其是铁路）的融资超越了个人积累资本的限制。这在当时是一种新的组织形式，如今已成为主流。它意味着所有权和控制权的分离（Berle et Means, 1932），突出了资本积累动力的非个人性和自主性。然而，这并没有消除资本在相对封闭的个人群体中的社会体现，因为资本所有者和非资本所有者之间的阶级界限依然存在，即使员工持股、养老基金甚至共同投资基金的发展往往会模糊这种界限。我们还应该注意到，这种新的组织形式有助于突出资本所有者之间的等级制度，因为大股东垄断了影响公司管理的能力，从而损害了小股东的利益。希法亭强调："资本家们组成了一个协会，他们中的大多数人对协会的发展方向都没有发言权。"（Hilferding，1910，p. 86）交叉持股和控股网络进一步加剧了这一现象，使资本主义权力极端集中化。我们可以看到，在当前危机爆发前夕，仅仅147家公司就集中了所有跨国公司约40%的价值，即便这些公司本身也由18家金融实体的核心企业控制着（Vitali, Glattfelder et Battiston, 2011；Duménil et Lévy, 2014）。

归根结底，我们不应夸大所有者与管理者之间的对立，这是公司管理文献的重点。高级管理人员通常也是股东，并以股票和股票期权的形式获得部分报酬，更不用说他们以所管理公司的名义承担的股东角色了。此外，与债权人的情况一样，这里涉及总体剥削水平，也就是工资与利润之间的分配。结果，所有者和管理者之间的权力关系往往也会对雇员产生影响。

股东和债权人通过提供闲置资金以换取报酬，为资本主义活动提供资金。一方面，二者之间的区别在于股东投入资本的时间，从形式上说是无限期的；另一方面，这是因为他们以股息形式获得的报酬涉及自由裁量权，利息支付则不然。利息和股息占公司利润的一部分。此外，金融市场使股东的资金量具有流动性。这使得他们可以很容易地收回投资的金融资本，就像贷款人在到期日收回本金一样。与此同时,债务证券本身在很大程度上也具有流动性。因此,总而言之,如果我们将食利收入定义为仅仅通过提供货币资本而获得的金融收益,那么我们可以将公司债券的利息和股息都视为一种类似食利收入的收入形式。它们攫取了生产领域实现的部分剩余价值,但并不对公司的风险产生任何重大影响。

资本收益

股票和可交易债务的价格就像房地产或原材料等其他类型实物资产的价格一样波动。这种波动为另一种乍看起来更难把握的金融利润——资本收益开辟了道路。这是指股票买入价与卖出价之间的差额所产生的利润。投机者专门追求这类利润。

与公司支付的利息和股息不同,这类利润完全不依靠公司利润。它仅在金融市场上实现,持有证券的人设法以高于买入价的价格出售证券。因此,从形式上讲,利润来源于买方希望投资于该证券的闲置资金。这是因为市场主体对未来收益和相关资产风险的评估发生了变化。如我们所见,这是一种自我指涉的评估。然而,它的定义(在合理的范围内)相对独立于与风险/收益配对相关的预期收益所产生的基本价值。简而言之,尽管资本收益是真实的,但它由虚拟资本的价值变化产生。无论哪种资产类别,资本收益都源于市场参与者之间的一场零和博弈——只有当市场上的买方接手这些"幻象"时,价格上涨积累的虚拟资本对特定卖家而言才变成了现实。如果一些参与者实现的剩余价值与另一些参与者的亏本销售相匹配，那么总体上说，这些资本收益为零。在某一特定时期，资本收益总体上是正数，那是因为相关资产市场吸引了更多可用的货币资本。这种额外的资本流动可以来自其他不太有利的资产市场，也可以来自银行储蓄的减少、总体储蓄的增加、资本的进口，或者来自用于金融业务的银行信贷的增加。

在此，我们需要介绍两个更具体的考虑因素，使这一总体情况更加细致。首先是资产首次上市时实现的利润。希法亭深入论证了这种一次性利润，他称之为"创始人利润"。这源于将初始投资资本转化为生产性资本的运作过程，初始投资资本由贷款融资（贷款利息按利率计），或由新增现金或资产流入提供。生产性资本则以利润率获得回报。的确，当公司成立时，其初始资产和经营活动资金来源既有创始人投入，也包括债务融资。当公司上市时，股价则基于完全不同的计算得来，也就是预期利润的资本化。由此筹集到的资金取决于预期的利润率。在正常情况下，利润率通常高于贷款利率，因此筹集到的资金将超过创始人所背负的债务。这为他们带来了超额利润。

为了解释这一机制如何运作，我们可以以"脸书"（Facebook）于2012年5月18日在股票市场上首次公开募股（IPO）为例（Condon, 2012）。公司决定当天以每股38美元的价格出售4.21亿股。这相当于公司资本的15%，即160亿美元（公司总资本为28亿股，即1 060亿美元）。这些股份此前一直由公司创始人、公司高管和少数投资者持有。马克·扎克伯格（Mark Zuckerberg）本人出售了3 000万股，获得11.5亿美元的资本收益。他持有约5.09亿股，约占总数的20%。在"脸书"上市的那一刻，这相当于190亿美元。我们需要追溯到更久远的年代，才能了解创始人在这次行动中实现的利润。2006年，《商业周刊》（*Businessweek*）估计公司价值为20亿美元。我们可以把这一数字看作是参与该公司的资本的近似值（一个夸张的近似值）。如果首次公开募股期间售出的15%的股份代表了3亿美元的投资资本，那么创始人在首次公开募股中实现的利润就达到了157亿美元。但由于股票在证券交易所上市，即使是首次公开募股时未出售的部分现在也可以流通，因此，与新估值相对应的创始人利润总额约为1 046亿美元！至于扎克伯格本人，他通过首次公开募股获得了9.95亿美元的实际利润，考虑到他保留的股份，潜在利润约为187亿美元。组织上市的33家投资银行也获得了可观的利润，佣金约为3%，即4.8亿美元。

正如明斯基所指出的，另一个需要考虑的因素是公共当局的作用。在中央银行不干预的情况下，资本收益来自金融界内部的零和博弈。然而，货币政策在决定资产价格方面发挥着核心作用。如果利率上升，价格就会下跌；反之，低利率政策有助于维持高价格。在更直接的层面上，中央银行的量化宽松政策起到了推高房价的作用，既通过购买资产直接推高房价，也通过促使投资者转向风险更大、回报更高的资产类别间接推高房价。这使得原本不存在的虚假资本收益得以实现。当然，央行干预只是决定市值水平的因素之一。然而，在危机后的背景下，它们是至关重要的因素。

图6-3说明了这一现象。图中同时显示了主要央行资产和市值的变化情况。在这方面，美国和日本与欧元区之间存在着明显的差异。前者的央行行动有利于股市的强劲反弹，而欧洲央行的干预更为谨慎，尤其是2013年和2014年收缩资产负债表，导致股市的复苏更为乏力，最近的资产购买计划似乎也产生了较弱的效果。然而，图6-3主要强调的是，在"后雷曼兄弟时代"，央行资产负债表在维持市值方面发挥着决定性作用。这些资产负债表的承诺水平远高于危机前的正常水平。

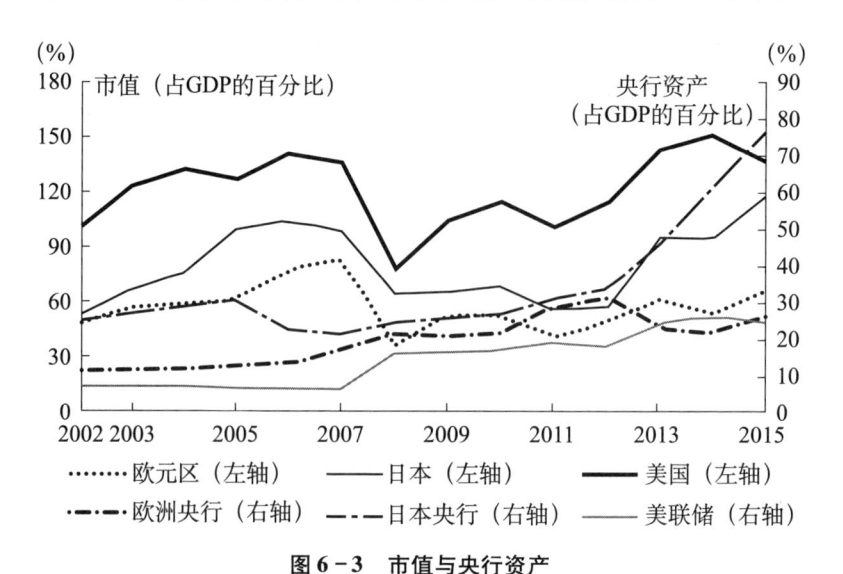

图6-3 市值与央行资产

资料来源：作者使用世界银行（WDI）、OECD和各国中央银行数据所做的计算。

第六章 金融利润从何而来？

金融机构的利润

现在，我们来研究最后一类金融利润——履行金融中介职能的公司的利润。这既包括它们以自己的名义开展业务所产生的收入（股息、利息和资本收益），也包括它们为客户开展业务所产生的利润。

这些机构最直接的有形收入来源是它们收取的费用和佣金。相关业务种类繁多。仅举几例，从大型投资银行在进行并购时给予自己的佣金，到账户管理费以及商业银行在提款机取款或货币兑换业务中收取的佣金，不一而足。

第二类收入是金融中介活动的核心。从银行到抵押贷款保险，从外汇业务到出口信贷，从消费信贷公司到养老金储蓄，金融机构始终遵循同样的原则——转变债务的质量和期限，使可用的货币资本能够满足融资需求。例如，保险公司从客户那里收取保费，建立资产组合。在扣减必须支付的赔款后，保险公司进行投资。为了使保险活动保持稳定可靠，这些资产必须超过赔付估计成本的现值。同样的一般原则也适用于养老基金和银行活动。因此，这些金融机构创造的利润基于它们能够使资产的估值率高于负债的动态变化。

在此，对未来负债的现时衡量至关重要。它有两方面的不确定性。第一种不确定性是对未来债务的评估（对保险公司来说是事故风险；对养老基金来说是养老基金的支付等）。毫无疑问，对这种不确定性进行评估是非常困难的，尽管这些参与者可以根据以往的经验进行概括。相较之下，第二种不确定性是一种系统性的不确定性，它恰恰存在于用来评估这些未来负债现值的贴现率中。贴现率越高，现有负债的现值就越低，反之亦然。

一般来说，根据新的财务核算规范，保险公司和养老基金等机构的长期负债贴现率相当于 AA 级债券（典型的长期政府债券）的收益率。问题是，当利率下降时（如近年来日本和欧元区等的官方存款机制负利率），安全资产的回报率就会急剧下降，从而使这些机构的负债增加，收入却没有相应增加。这种管理风险的困难是一个真正的难题（Clacher et Moizer，2011；Severinson et Yermo，2012）。超过 130 亿美元的资产以负利率进行交易，其中包括欧元区 55% 的公债证券。对许多机构而言，形势正变得十分严峻。银行和保险公司受到重创，但最薄弱的环节是养老基金。由于整个西方世界的养老基金行业面临着岌岌可危的财务状况，一些机构正在考虑下调以前确定的付款额（*AGEFI Hebdo*，2011）。此外，对负债和资源的不断重估促使这些金融参与者采取顺周期行为，从而破坏了金融动态的稳定性。

银行业和保险业是受到严格监管的领域。这首先是由于通过金融中介牟利会自发地导致庞氏金字塔骗局的出现，其次是由于这些中介活动履行着不可或缺的社会功能。支付系统、养老基金系统和保险的正常运作，乃至银行存款的完整性，都是当代资本主义再生产的必要条件。由于上述金融自由化和影子银行的发展，监管机构抵御风险的能力被大大削弱。然而，公共当局在2008年拯救金融体系的积极行动表明，保证监管职能连续性的需求一直如此迫切。这些或明或暗的公共担保在很大程度上有利于金融机构，使它们能够以较低的成本为自己融资。因此，它们构成了一种补贴。

这种公共补贴对金融机构利润的影响绝非微不足道。欧洲议会绿色党团委托进行的一项研究综合了这方面的学术著作，重点关注欧洲大陆的大型银行（Kloeck，2014）。国际货币基金组织得出结论：2012年的隐性补贴约为2 330亿欧元，占欧洲地区生产总值的1.8%，2007年以后每年的补贴额也类似。国际货币基金组织进一步证明，对大银行的隐性补贴达到了这一水平，2012年欧洲的隐性补贴为3 000亿美元，美国为700亿美元（IMF，2014）。我们从中得到的第一个教训是：如果没有国家的这种基本支持，大银行会出现相当大的亏损。国家补贴了它们的利润。第二个教训是：公共当局也要为此付出代价。在危机时刻，随着公共担保的启动和国家资金流入银行国库，会直接消耗国家预算。但在正常时期也是如此，因为金融市场会将这些债务计入其对公债的利率。因此，这些政府担保以两种截然不同的方式使金融业受益，它们不仅使金融业享受较低的利率，还使国家本身享受较高的利率。

计算这些隐性补贴并非没有问题，因为它依赖于相当不稳定的现值计算。但是，它肯定揭示了一件事——既然公共担保对金融机构活动的大部分来说必不可少，那么由这些活动产生的利润被私有化就完全不具有合法性。

金融利润的社会政治内容

通过对金融收入的研究，我们可以总结出如下收入形式和来源（见表6-1）。不同类型的金融收入有五种不同的来源，而这五种来源又分别对应着不同的社会政治矛盾。

表6-1 金融利润的形式和社会政治内容

	社会关系	接受者	来源	社会政治矛盾
利息	债务	债权人	从公司利润中扣减	债权人/从事生产的资本/员工
			转让所得利润	债权人/个人债务人
			政治性利润	债权人/政治团体
股息	财产	股东	从公司利润中扣减	股东/经理/员工
资本收益	投机	资产卖家	市场参与者与可支配货币资本提供者之间的零和博弈	无
			创始人利润	企业家/股东
			政治性利润	金融体系/政治共同体（金融稳定）

续表

	社会关系	接受者	来源	社会政治矛盾
资金流动的管理费用	交易资金	金融机构	从公司利润中扣减	金融机构/生产和贸易投资资本
			转让所得利润	金融机构/储户、被保险人、借款人
			政治性利润	金融体系/政治共同体（金融稳定）

公司利润的扣减基于生产活动中获取的剩余价值的重新分配，这些剩余价值被生产资本和金融资本瓜分。资本收益部分基于金融市场参与者与可支配货币资本提供者之间的零和博弈。创始人利润也与资本内部的博弈相对应。公司在股票市场上发售股票，使公司的创始人以及组织这一运作的银行能够将公司资产价格与基于未来利润资本化的市场价值之间的差额利润收入囊中。

转让所得利润产生于一种截然不同的逻辑，这种逻辑让人想起前资本主义时期与债务相关的收入形式。它们代表着对个人收入的直接消耗，与对生产过程本身的任何控制无关。

最后一类是我所说的"政治性利润"。这些利润来自以公共机构为中介的金融收入流。这些政治性利润本身又分为两个子类别。它们既来自政府债券的利息，也来自金融稳定政策带来的利息支付。后者是最后贷款人的政策，亦即金融部门从中获利颇丰的一整套担保和援助措施。这些措施包括将损失社会化的直接形式——我们只需想想美国保险公司美国国际集团

（AIG）的资本重组、法国和比荷卢经济联盟（Benelux）的德克夏银行（DEXIA）或英国北岩银行（Northern Rock）的国有化。与普遍观点相反，我并不认为金融稳定是一项人人受益的公益事业。这并不是否认与金融不稳定相关的负面外部性，它们确实会影响到所有参与者。但值得强调的是，有利于金融稳定的国家行动首先有利于金融中介机构和寻求实现资本收益的参与者。金融稳定政策使虚拟资本在金融市场上的价值不断攀升，即使市场参与者的自主互动会导致虚拟资本突然贬值。这些政策也会带来社会成本，因为它们会导致公债增加（或通过提高利率增加公债成本），或者导致发行过量货币。

这些不同的金融收入来源对应着不同的社会政治矛盾。我们只强调其中的两点。转让所得利润的特殊逻辑主要源于工薪家庭的债务关系。负债使他们与金融机构对立，这实际上是一种完全对立的关系，因为他们的收入被直接扣减，不可能利用杠杆效应来增加收入。政治性利润产生的关系虽然不那么直接，但同样具有冲突性。通过这种关系，整个金融界形成了一个同质化的机构，在公债和金融稳定等紧迫问题上与社会其他部分针锋相对。

对金融利润、其来源以及相关矛盾的描述为我们思考金融化带来的经济和社会政治影响奠定了基础。我们首先应该摒弃金融活动仅仅是"掠夺"的观念。诚然，金融活动的回报的确完全来源于对生产活动、家庭或公共机构收入的扣减。然而，金融活动也确实为资本流通做出了贡献，因为它可以防止闲置资金的产生，允许创造信用货币，并通过新生产活动的预融资促进资本扩张。金融机构和资产市场也扮演着至关重要的认知角色，它们通过挑选盈利前景最优的行业以及识别盈利能力下降的行业来引导资本流动。因此，它们构成了经济发展的真正"控制室"。拉帕维察斯强调，金融"充当着资本主义经济的神经和大脑，它是将社会闲置资源的调集转化为一个整体的社会实体"（Lapavitsas，2013，p. 201）。因此，金融本质上是矛盾的。如图 6-4 所示，金融一方面因本身无法创造价值而呈现出掠夺性逻辑，另一方面又扮演着组织资本积累、促进创新的角色。金融活动比以往的发展更抽象，因为它不再仅仅基于不同类型金融收入流的具体表现形式，而是直接旨在塑造产生这些收入流的社会经济动态。

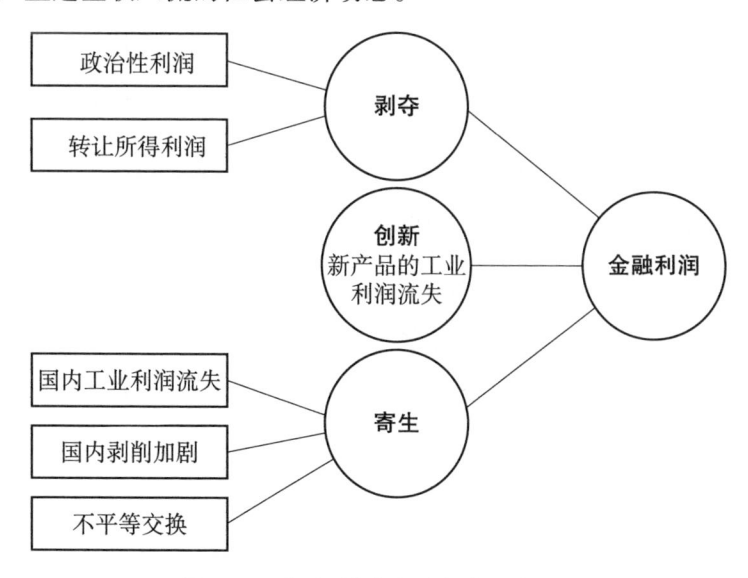

图 6-4 金融利润根源的社会经济过程

资料来源：作者的阐述。

金融的创新因素并不会带来特别的困难。在允许良好的资本分配的情况下，金融使可用的资源流向那些最能使其获利的领域。它从与新生产活动相关的利润增长中获取报酬。金融的剥夺性与大卫·哈维在描述非剥削劳动所产生的利润形式时使用的概念不谋而合（Harvey，2005）。金融的这个方面涉及各种不同的方式，它要么是通过政治性利润间接获取收入，要么是通过异化利润直接获取收入。在这种情况下，寄生的概念指从公司利润中扣减的收入，而这些实体本身却完全游离于生产过程之外。这些从公司利润中扣减的收入有两种不同的形式。第一种是从公司利润中直接扣减，但以公司的投资融资能力为代价。在第二种形式下，融资可以从公司自身利润的增长中获取利润。这可能是由于对其雇员的剥削率上升，也可能是由于与金融有密切联系的公司与没有联系的公司之间的不平等交换关系。当然，后一个问题也涉及国际层面。不平等交换的问题是指"北方"国家企业有能力通过与供应商特别是"南方"国家的供应商之间不对称的市场关系获得收益，从而为金融参与者提供报酬。

创新、剥夺和寄生，这就是支撑金融利润的社会逻辑。

第七章
金融为资本的蜕变服务

第七章　金融为资本的蜕变服务

我们对虚拟资本的兴起和不同形式的金融利润的描述使我们能够确定金融化的轮廓。现在，我们必须尝试对金融化进行解读。带着这个目的，我们来看看那些将金融化与资本主义的总体动态相结合的学者，他们以相当乐观的态度看待当今的动荡。与新古典经济学家不同，他们并不认为市场能有效地分配资本。然而，他们将金融化视为一种制度安排，尽管本身具有不稳定性，但最终确实保证了资本主义发展从一个阶段向另一个阶段的过渡。这一论点也有两种变体。一种观点强调，知识和非物质在当代经济中占据了前所未有的重要地位，这意味着新的评价和估值方式。与此同时，第二种观点认为，金融霸权阶段总是伴随着新的技术经济范式的出现。

走向认知资本主义？

> 不是退出这个过程，而是走得更远，
> 正如尼采所说："加速这个过程。"
> ——德勒兹和瓜塔里（Gilles Deleuze et Félix Guattari，1972）

信息技术显然标志着一个划时代的变化。个人计算机及其网络已经渗透到社会的各个领域，改变了贸易和生产的组织形式以及更广泛意义上的生活方式。这种突变是否与新资本主义的出现相吻合？无论如何，这就是那些坚持认为知识和非物质力量的增强已经动摇了经济运行原则的人的立场。

在"认知资本主义"理论的捍卫者中，我们发现了关于这一论点的最大胆的说法。这一理论主张与意大利的"工人主义"（opperismo）有关，后者认为无产阶级斗争是资本主义发展的动力（Hardt et Negri，2000，p. 261）。福特主义时代工人群众对流水线劳动异化的反抗，以及1968年的国际大动员浪潮，都是系统性变革的起源。这种变革表现为中等教育和高等教育机会的扩大，对自主性的新劳动形式的日益重视，以及数字技术的兴起。这些斗争取得了部分胜利。解放每个人创造力的愿望与技术发展相结合，形成了以非物质劳动为中心、以知识的积累和价值为主要导向的新资本主义（Moulier-Boutang，2007，pp. 94–95）。

这意味着一场前所未有的变革，是范式的彻底转变。根据这种说法，随着非物质取代物质成为经济活动的核心对象，知识正在成为创造价值的主要来源。这意味着过去的稀缺性和收益递减问题将被降低到次要地位，而收益递增的逻辑将占据主导地位。

这种逻辑在文化产品的背景下众所周知。我们以2013年秋季上市的电子游戏《侠盗猎车手5》（*Grand Theft Auto V*）为例。该游戏的开发和营销成本高达创纪录的2.67亿美元，而这些都是固定成本。一旦游戏本身制作完成，制作一个额外的单位（一张光盘及其包装盒，或下载）几乎不会带来额外开支。换句话说，销售量越大，单位平均成本就越低。游戏发行当天的销售量就达到了1 600万份，销售额达8亿美元！书籍和电影的情况也是如此，但至少在一定程度上，研发成本高或品牌声誉至关重要的工业产品也是如此。总之，我们看到非物质对生产越来越重要。生产包含新知识的商品的第一个单位的成本非常昂贵，但生产更多单位的成本几乎为零。

这种向非物质的转变具有深远的影响。首先，要防止非物质产品被免费使用，否则就很难确保其市场价值。然而，已经产生的非物质使用价值必须保留在商品"容器"中。因此，人们发明了保护知识产权的法律武器、旨在防止复制数字作品的数字版权管理（DRM），以及使转基因植物不育以防止其第二代植物被重复使用的终结者技术。为了保持产品的市场价值而先发制人地破坏使用价值（禁止或限制商品的使用，因为一个主体对该商品的消费并不妨碍其他主体也对其进行消费），这便带来了商品形式过时与否的问题（Chauvin et Sezneva, 2014）。这一矛盾使马克思的名言具有了新的现实意义：

> 社会的物质生产力发展到一定阶段，便同它们一直在其中运动的现存生产关系或财产关系（这只是生产关系的法律用语）发生矛盾。于是这些关系便由生产力的发展形式变成生产力的桎梏。那时社会革命的时代就到来了。随着经济基础的变更，全部庞大的上层建筑也或慢或快地发生变革（Marx, 1963, p.273）。

如今，以专利为手段的知识商品化限制了投资，阻碍了创新（Coriat et Weinstein，2012；Pagano et Rossi，2009）。"南方"国家的情况就是如此，它们发现自己被禁止获得受产权保护的技术，或者只允许以高昂的代价获得这些技术。但富裕国家的情况也是如此，这些国家的企业普遍使用防御性专利战略来阻止竞争的发展。在苹果公司和三星公司的战争中，前者试图对平板电脑的圆角设计实施专利。米利亚德基因（Myriad Genetics）公司甚至为捍卫它在乳腺癌预防测试中使用的基因序列的权利而进行了十多年的战斗。它提起的诉讼束缚了居里研究所（l'institut Curie）等研究机构的工作，并向患者强加了高昂的检测费用。美国最高法院最终于2013年6月做出不利于米利亚德基因公司的裁决，裁定自然状态下的DNA链不能申请专利。

财产与使用之间的矛盾只是非物质在知识经济中日益重要所带来的众多问题之一。那些认为存在着一种新的"认知资本主义"的人认为，非物质正在动摇劳动分工、劳动剥削方式和解放前景。因此不难理解，围绕这一论断在经验和政治上的相关性爆发了激烈的争论（Husson，2003；Mouhoud，2007）。这里不是回顾这些争论的地方。这里我们感兴趣的是，这种方法声称已经确定了非物质经济与金融之间的密切联系。因此扬·穆利耶-布唐（Yann Moulier-Boutang）认为：

> 在全球范围内对资本主义进行深刻改造的过程中，非物质（无形核算项目）的崛起和外部性日益重要，使得

福特资本主义的惯例和制度安排变得多余。因此，金融被证明是"管理"认知资本主义内在不稳定性的唯一正确手段（Moulier-Boutang，2007，p. 201）。

根据这一论点，公司的会计核算价值与股票市值之间的差距体现了金融市场对无形资产的估价能力，如研发潜力、专利组合、组织结构、供应商和客户名单以及品牌形象。所有这些都有助于未来的利润流。多米尼克·普利洪（Dominique Plihon）和埃尔·穆胡·穆胡德（El Mouhoub Mouhoud）用不那么夸张的措辞指出了同样的观点："在金融主导的资本主义制度下，各个机构的主要目标之一，就是试图规范'知识经济'带来的三重难题：价值创造、利益分配以及风险管理。这些努力最终都是为了服务金融资本所有者的利益。"（Mouhoud et Plihon，2009，p. 117）根据这一分析，市场融资比银行更能保证企业融资。这是因为它更有能力处理无形资产回报的不确定性，从而评估企业的价值。

毫无疑问，与无形资产有关的收益特别不确定。当固定成本很高时，利润就会变得非常不稳定，因为如果生产成本大体上产生于产品投放市场之前，就不可能进行事后调整。仍以电子游戏为例（"好莱坞"大片和软件也是如此），如果产品有观众，就会有可观的利润；反之，如果公众对产品不屑一顾，就不可能通过降低生产水平来限制损失。这种无法收回成本的问题同样存在于需要大量研发开支的工业产品中。

对初创企业的考察有助于我们理解与创新相关的巨大不确

定性。对一家专门从事新技术开发的新公司进行融资会带来特殊的问题，因为虽然可能会有巨大的潜在利润，但失败的概率也非常高。这的确也是一些投资者（风险资本家）专门从事这类业务融资的原因。这也让金融以更无畏的姿态出现。然而，尽管风险资本的外表引人注目，但相对于所有融资活动而言，它的重要性仍然微乎其微。诚然，对创新型初创企业的投资在信息技术和生物技术的繁荣中起到了关键作用。但这只是一个相当局限的现象，无法解释金融化调动的大量资金。

我们更仔细地研究了穆胡德和普利洪的论点后发现，他们并没有将自己局限于金融与非物质劳动和创新的关系问题。他们认为："股票市场通过使股票随时可供交易得以解决生产性资本投资所谓'不可逆转性'的问题，这些股票由其组织的交易所进行管理，因此具有流动性。"（Mouhoud et Plihon, 2009, p. 117）由于股票市场的流动性使金融投资具有可逆性（至少在危机时期之外），因此它在减少不确定性方面发挥了作用。这使得企业家能够找到接受风险的资本持有者，为不可逆转的投资提供资金。虽然这一论点本身并没有错，但作者强调，近几十年来，市场并没有发挥为经济融资的作用，这大大降低了其重要性。相反，净资本流从非金融部门流向了金融市场，而不是相反。更根本的是，与无法收回成本相关的不确定性原则并非知识经济所特有。相反，这是一个老问题，同样涉及与工业重大投资相关的不可逆转效应（Quelin et Benzoni,

1988，p. 485）。早在希法亭和明斯基时代，他们就已经强调了同样的问题及其与金融体系的联系，即使他们处在与市场金融截然不同的背景下。银行试图防止过度竞争导致投资贬值，因为这可能会损害客户的盈利能力，进而损害客户偿还欠款的能力。因此，银行支持垄断联盟的形成，并把特权交给享有更大市场支配力的公司（Ferri et Minsky，pp. 16 - 17；Hilferding，1910，pp. 123 - 124）。总之，为特定投资融资的问题并非知识经济所特有，也不一定要通过自由化的金融市场来解决。

关于企业价值评估的相关问题，穆胡德和普利洪认为，银行家的会计核算工具几乎无法解释企业的价值前景，因此越来越多的企业通过金融市场融资。虽然他们也批评放松金融监管及其带来的不稳定影响，但他们似乎接受了对企业核算和财务准则（国际财务报告准则）的改革。然而，这些新准则以公允价值原则（资产在某一特定时刻的市场价值）为基础进行私人会计核算，而不是像以前那样以收购价值（历史成本）为基础进行核算。他们解释说，毕竟市场"能够考虑到以历史成本为基础的核算所无法评估的一切因素。正是在这个基础上，股票市场为如何评估公司的无形资产提供了答案"（Mouhoud et Plihon，2007，p. 40）。

在此，穆胡德和普利洪不过是采纳了哈耶克的观点，即市场是一个揭示分散知识的过程，他们将这一观点应用于金融市场和无形资产的特殊情况。根据这一观点，市场最能揭示及评估与公司盈利前景相关的信息，因为市场允许人们接触/比较多种观点。这种信息就其本质而言在社会机构之间传播。然而，这种分析存在两个问题。尽管作者提到了凯恩斯、明斯基和奥尔良强调的金融价值化自我指涉特性带来的模仿极化现象，却忽略了虚拟资本的创造/维持动态，以及投机泡沫扭曲信息和导致资本错配的影响。此外，在知识经济背景下，他们显然夸大了企业评估困难的新颖性。如果说创新融资确实存在问题，那么就没有理由认为这是我们这个时代的特例。恰恰相反，这是一个在资本主义历史上周期性反复出现的问题。

金融资本在长波改变方向时的作用

> 金钱是未来人类成长的粪堆……有毒且具有破坏性的金钱成为所有社会植被的发酵物，成为执行伟大工程所需的堆肥，这些工程将使各国更加紧密地团结在一起以安抚地球。
>
> ——左拉，《金钱》（*Money*）

有些人可能会认为，金融在资本主义的再生过程中发挥着作用。然而，在每一个新的技术经济范式建立的时期，都会出现一个金融霸权阶段，这一假设无疑比一种全新的资本主义出现的假设更有根据。这就是委内瑞拉研究员卡洛塔·佩雷斯（Carlota Perez）捍卫的立场（Perez，2009，2012）。因此，她继承了研究资本主义长期动态演变的悠久传统，这一传统可以追溯到20世纪初。[1]

根据这种方法，资本主义发展并不遵循任何线性逻辑。相反，资本主义的发展与生产设施的更新有关，周期相对固定，持续数年。但是，资本主义发展也会发生长达数十年的转变，在这一转变过程中，与新技术系统的应用相关的扩张阶段会随之进入衰退阶段，当这一系统的推动力耗尽时，又会出现新一轮扩张的种子。事实上，这些转变是长波而非循环，因为新一轮扩张浪潮的到来并非不可避免。如果扩张浪潮的结束是这一浪潮内部衰竭动力的结果，那么摆脱压抑阶段的方法就不是自动的。欧内斯特·曼德尔认为，外生的系统性冲击（例如战争、反革命、工人阶级失败、新资源的发现）是必要因素，它们能够改变经济运行环境，并刺激利润快速增长，使系统再次启动。然而，这些事件的发生具有偶然性，它们的结果取决于资本积累过程以外的严密经济动态（Mandel，1981）。佩雷斯重新阐释了这种不确定性，她认为启动新一波增长浪潮必然需

---

[1] 帕尔乌斯（Parvus）、范·盖尔德伦（Van Gelderen）和尼古拉斯·康德拉季耶夫（Nicolas Kondratieff）都是这一领域的先驱。约瑟夫·熊彼特曾对这些著作进行过详细论述。近几十年来，欧内斯特·曼德尔（Ernest Mandel）、埃里克·博塞雷（Éric Bosserelle）以及克里斯·弗里曼（Chris Freeman）和弗朗西斯科·卢萨（Francisco Louçã）的著作对这一问题做出了重要贡献。关于这一问题的理论和历史视角，参见Freeman et Louçã（2001）。

要社会、政治和文化转型的制度化，从而使新技术发展带来的经济潜力得以实现。因此，她借鉴了托马斯·库恩（Thomas Kuhn）的认识论中的范式概念，强调系统级技术经济转型的漫长孕育过程以及它们遇到的强烈阻力。

但是，为什么在某些时期，技术创新会迅速传播，甚至批量传播，而在其他时期却相对停滞呢？毕竟，我们没有先验的理由去预期人类智慧的表现会在不同时期呈现不规则的分布。佩雷斯解释道，在扩张阶段，创新将很难找到资金，因为已经成熟的技术带来的回报足以吸收现有的资本。相反，当这些技术的应用达到极限时，也就是当扩张阶段结束时，就会出现大量利润，但盈利性投资的机会却变得越来越少。利润率的下降会导致生产系统的有效重组，在此期间，金融资本有别于工业资本的独特性就会充分显现出来。

金融资本不是由直接参与生产的物质资产和非物质资产构成，而是由闲置货币和证券构成。因此，与工业资本相比，金融资本的专业化程度更低、灵活性更大。当金融资本放弃收益率下降的活动时，它比后者更有能力寻找新的投资类型。因此，无论是涉及新的活动领域还是现有部门的现代化，前一时期被忽视的项目现在都得到了资助。正因如此，创新主要出现在经济衰退阶段。然而，这是一个极不稳定的过程。

首先，寻找新的盈利业务并不总是成功。许多项目被证明是死路一条，只有在经济选择过程结束时，才会出现数量有限的、有能力推动发展的技术。随后，一定数量项目的成功本身就会引发急剧的金融变化。发现新的"黄金国"（El Dorado）会激发人们的热情，吸引更多的资本，以至利润的期望落空了。因此，周期的衰退阶段达到了泡沫转化为剧烈金融危机的转折点。这反过来又抑制了生产，我们可以从17世纪90年代英国的运河狂热、19世纪上半叶末期的铁路投机泡沫以及该世纪最后一个季度对周边国家基础设施的争相投资中看到这一点。当时，巴黎证券交易所和伦敦证券交易所是这些国际业务的融资中心。埃米尔·左拉的小说《金钱》中肆无忌惮的主人公阿里斯蒂德·萨卡德（Aristide Saccard）就是在这样的环境中创办了一家专注于中东投资的环球银行。通过公开宣传，他成功地掀起了一股投机狂潮，吸引了中小储蓄者的资金，从而再次发家致富。在20世纪，"咆哮的20年代"（Roaring Twenties）的股市繁荣导致了大萧条。最后，在我们这个时代，互联网泡沫和紧随其后的"赌场金融泡沫"使我们陷入了大衰退。

金融繁荣的自我放大特性会系统性地导致崩溃和萧条。但是，这些重大的不稳定阶段往往与金融资本霸权下的经济自由化相关，它们留下了双重遗产——生产和政治的遗产。首先，过时的部门被淘汰或实现现代化，而充裕的信贷使新技术经济范式的基础设施得以建立。随后，与金融霸权相关的经济和社会暴力引发了社会主体本身的反应，这是一场抵制商品化的波兰尼式运动，为生产资本霸权下新的社会政治妥协开辟了道路。这些妥协的特点是加强国家干预和对市场的限制，或多或少地反映了对更大社会正义的渴望。表7-1显示了这些金融泡沫在工业革命以来的长波动态中的位置。

表7-1 历史视角下的泡沫、衰退和"黄金时代"

波动	初始期"镀金时代"泡沫	经济衰退的转折点	部署期"黄金时代"
第一波，1771年，工业革命（英国）	运河狂热	1793—1797年	英国的伟大飞跃
第二波，1829年，蒸汽和铁路时代（英国）	铁路狂热	1848—1850年	维多利亚时代的繁荣
第三波，1875年，钢铁和重工业时代（英国、美国、德国）	伦敦和巴黎资助全球市场基础设施建设	1890—1895年	"美好时代"（Belle Époque，欧洲）；"进步时代"（Progressive Era，美国）
第四波，1908年，石油、汽车和大规模生产的时代	"咆哮的20年代"（汽车、房地产、广播、航空、电力）	1929—1933年（欧洲）；1929—1943年（美国）	战后"黄金时代"
第五波，1971年，信息通信技术革命（美国）	新兴市场、互联网和互联网狂热、赌场金融	2007—？	可持续的全球知识社会"黄金时代"？

资料来源：Carlota Perez, 'Finance and technical change: a long-term view: research paper', *African Journal of Science, Technology, Innovation and Development*, 3: 1 (2011), 10-35.

当然，我们也可以质疑这种时期划分，因为它并没有公正地反映涵盖的历史地理时刻的独特性。在这种概括的层面上不可能达成共识。[1] 然而，卡洛塔·佩雷斯提出的模式对我们的目的很有意义，因为它表明，即使在过度的时候，金融也扮演着对经济重组至关重要的认知角色。在支持发掘新兴盈利机会的过程中，金融造成了巨大的不稳定性，引发了经济萧条，加剧了社会经济紧张局势。但最终，它放弃衰退的行业，鼓励具有新活力的行业出现，促进了系统的再生。在衰退的背景下，金融为新生产力的部署创造了条件。然而，这种潜力的实现需要具有社会政治性质的制度变革，但变革的结果并不确定。根据这一解释框架，佩雷斯将当代视为一个间歇期，与信息技术相关的创新为可能出现的新繁荣奠定了基础。要实现这种可能性，就必须进行社会政治重组，而这一点仍未确定。

埃里克·布莱恩约弗森（Erik Brynjolfsson）和安德鲁·麦卡菲（Andrew McAfee）在其畅销书《第二次机器革命》（*The Second Machine Age*）中非常有说服力地指出，信息技术尚未达到力量的顶峰。他们认为，无人驾驶汽车、维修机器人和计算机化医疗诊断将很快成为日常生活的一部分。这些创新预示着许多其他技术变革，将从根本上动摇生产的社会条件，并可能带来巨大的生产力提升。然而，布莱恩约弗森和麦卡菲在这里却忘记了一件至关重要的事情——这主要不是一个技术问题，

---

[1] 例如，安格斯·麦迪逊（Angus Maddison）根据他对长期经济数据的分析，对资本主义发展的连续阶段提出了另一种时间划分。他更加强调制度因素（货币制度、工资率的确定、国家的作用、国际体系）。参见 Maddison (1991)。其他作者则更强调国际关系、国家形式、阶级矛盾、技术或资本内部过度积累动态的作用。参见 Albritton, Itoh, Westra et Zuege (2001)。

而是一个经济和政治问题。相反，佩雷斯方法的优势之一就在于她认识到了这一点。在她看来，技术变革是以利润为动力的系统运动的一部分。金融化是一个双面性问题，它既是生产领域问题的症状，又是资本主义潜在但不确定的再生载体。

关于第六章中探讨的与金融利润相关的社会经济逻辑，佩雷斯和"认知资本主义"理论的支持者都非常强调创新。在全球化和深度金融市场下，资本的中心化成为引导当代资本主义开辟新积累领域的一大强力工具。在此情境下，金融利润首先表现为对生产领域利润的一种征税，这得益于资本向新领域分配或对现有企业的现代化。在此，金融繁荣是正在进行的系统重组的附带效应。当我们将这一因素置于分析的边缘时，我们对金融与知识之间关系的理解就会出现盲点。我们在讨论虚拟资本的概念时指出，我们已经知道金融繁荣会造成迷失方向的影响。在扭曲相对价格的过程中，金融化积累会导致人们对风险和机遇的认识不足，从而做出不合标准的投资决策。一位奥地利学派的评论家如此描述2008年秋天的煎熬和之前的繁荣：

> 所有这些进入贷款市场的新增资金从根本上说都是虚拟资本，因为它们并不代表经济体系中新增的资本品，而只是将现有资本品供应的一部分转移到不同的人手中，以不同的、效率较低的，而且往往是公然浪费的方式加以使用。当前的住房危机也许就是史上最显而易见的例子（Reisman，2008）。

第七章 金融为资本的蜕变服务

说唱视频"害怕繁荣与萧条"用一种让人印象深刻的方式论证了这一点。当信贷狂欢无法再延长繁荣期时,我们就该警惕随之而来的宿醉。金融算法的复杂性、自动高频交易对交易的加速作用以及金融链条的分散化非但没有提高效率,反而使金融交易变得更加不透明。[①] 一位货币基金经理人在危机最严重的时候坦白,这些魔法学徒已经无法控制他们创造的怪物:"问题在于人们不知道该相信什么,或者不该相信什么……这些商业票据背后的投资组合或许没什么大问题,但人们无法确定,也并不想冒险。"(Tett,2010,p. 207)归根结底,金融操盘手们并不知道自己在做什么。这种分配机制产生的资源利用效率问题受到严重质疑。会不会金融化积累不仅没有促进投资,反而阻碍了投资?这个问题把我们带到了金融化与非金融企业转型之间的关系问题上。

[①] 从数学角度探讨过度数学化的误导作用,参见 Bouleau(2011)。

第八章
无须积累的利润之谜

我们刚刚研究过的著作偏向某种功能主义，将金融视为资本主义生产变革的工具。它们将眼前的不稳定和有害的社会影响描绘成经济结构调整必须付出的代价，而经济结构调整将在中期或长期内带来好处。现在，我们将转而研究一种相反的解释，即当代金融化构成了生产力发展的障碍。该论点依据一个确凿的事实（尽管是程式化的）——近几十年来，在主要富裕国家，固定资本形成总额占国内生产总值的比例出现了不均衡但显著的下降（见图 8-1）。积累减速与同期增长放缓完全一致。

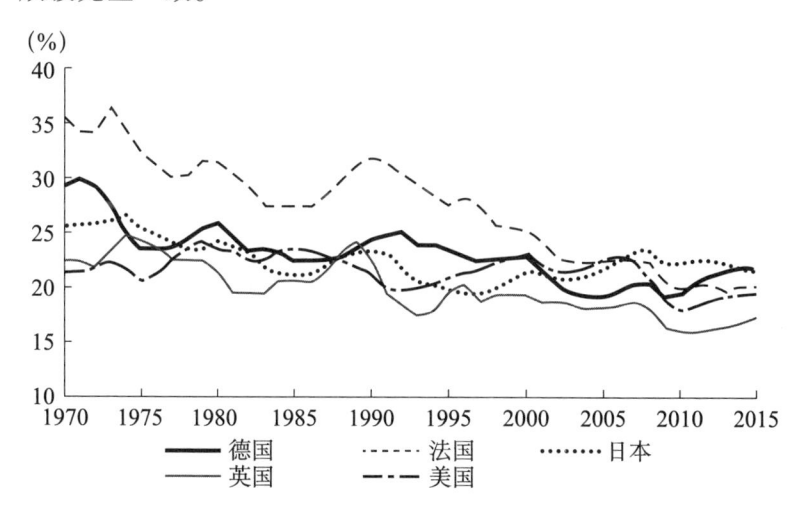

图 8-1　固定资本形成总额（占国内生产总值的百分比）
资料来源：作者根据世界银行世界发展指数所做的阐述。

如果这种动态伴随着利润的下降，那就没有什么可奇怪的了；如果在利润下降的情况下，企业的投资资源减少，投资动力减弱，那也完全合乎逻辑。然而，事实并非如此。20 世纪 80 年代初，利润率下降的趋势得到了遏制，尽管人们对这一转变的程度还存在争议。① 从那时起，我们面对的是一种虚假的资本主义，概括起来就是"无须积累的利润"（Cordonnier, 2006；Husson, 2008；Stockhammer, 2008）。图 8-2 显示了非金融企业利润再投资比例的变化情况。在英国和法国，这一比例的下降尤为明显，尽管在法国，这一比例在相关时期结束时有所提高。在美国，这一趋势的程度较小，在 20 世纪 90 年代末，随着新技术泡沫的出现，这一趋势曾一度中断。自 20 世纪 90 年代中期以来，日本和德国的投资相对于利润也同样失去了活力。

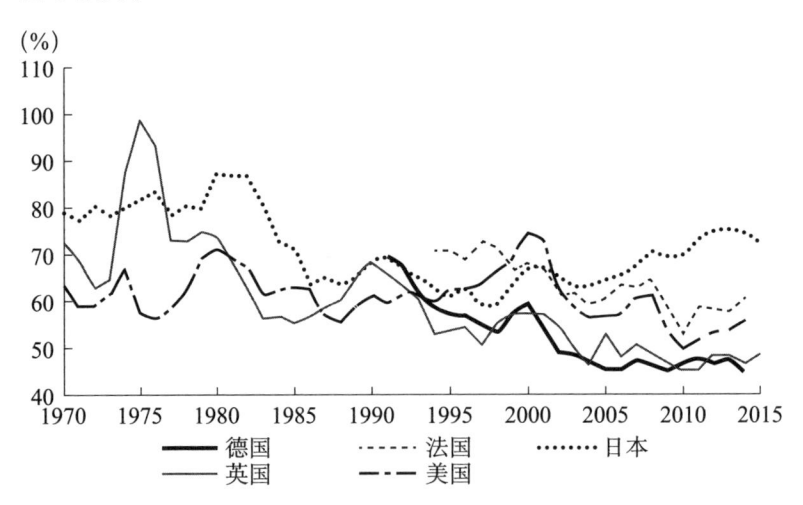

图 8-2 非金融企业固定资本形成（占营业盈余总额的百分比）
资料来源：作者使用 OECD 和国民账户数据所做的计算。

---

① 关于利润率如何演变，存在着非常丰富但相当有技术性的争论。然而，通过对各种相关指标的研究，我们发现了一个明显的变化。从 20 世纪 60 年代中期到 80 年代初，利润率逐渐下降，然后又回升。人们对这一转折点的意义存在争议。它只是部分复苏，无法抵消利润率下降的趋势，还是真正的回升？关于这场争论的方法论的详细介绍，特别参见 Basu et Vasudevan（2013）；Husson（2010）。

第八章 无须积累的利润之谜

从古典政治经济学和马克思主义政治经济学（假定利润用于再投资）以及后凯恩斯主义经济学家采用的卡莱茨基观点（资本家花多少钱就赚多少钱，主要指投资）来看，这种结构都令人费解。

那么，我们该如何解释这种情况呢？首先，我们可以援引之前研究过的一个现象，即金融部门在整个经济中的重要性增加了。与商业和工业活动相比，这个专门从事货币交易的部门很少进行固定资本投资。但这并不能帮助我们澄清图 8-2 中描述的现象，因为它只涉及非金融企业。这种现象通常被解释为一种。金融寄生——金融市场的需求对企业的收入产生掠夺性消耗，促使企业减少投资、压低工资。这就是洛朗·科多尼耶（Laurent Cordonnier）和他的合著者故意称为"资本成本"的东西（Cordonnier et al., 2013）他们的著作描绘了"食利者卷土重来"，即金融市场的需求剥夺了企业积累生产资本的手段，并产生了连锁反应，降低了增长和减少了就业。另一种解释是，公司治理的变革促使管理者放弃战后时期的行为，减少对生产的投资，优先考虑金融投资和并购业务。

我们将看到，这两个假设不足以解释这一现象，因为它们都忽略了一个基本维度——全球化与金融化之间的症结，它将生产流程的国际化与非金融公司金融支付和收入的增加联系在一起。

食利者卷土重来

20世纪后期的虚假资本主义是社会政治斗争的结果。在这场斗争中，有产阶级取得了胜利。这表现为最富有阶层的收入和财富份额迅速增加（Piketty，2013）。直到20世纪70年代中期，工人运动一直处于攻势。工会力量强大，罢工次数多且常常取得胜利。然而，生产率的放缓证明了战后活力的枯竭。这时出现了滞胀。增长放缓，利润迅速下降，而高通胀则反映出分配冲突的严重性（Lipietz，1979）。1979年8月，保罗·沃尔克被任命为美联储主席。在他的领导下，央行致力于采取坚决的抑制通货膨胀的政策，并制定了惊人的利率，在1981年1月达到了19.8%的峰值。经通货膨胀修正后，到1982年春季，经济的实际利率约为9%。这一决定是在意识形态发生重大转变的背景下做出的，沃尔克完全掌握了这一背景。为使新政策取得成功，美联储可以"从心理上利用整个欧洲、美国国会以及当时大部分新闻界对货币主义的支持"。①

1979年5月，玛格丽特·撒切尔在英国执政，次年罗纳德·里根赢得美国总统大选。这一政治转折点使得凯恩斯主义政策被放弃。沃尔克知道，他的反通胀政策会引发经济衰退，但考虑到生产率的下降，他认为不可能支持经济增长。到1982

---

① 参见1979年10月6日联邦公开市场委员会（Federal Open Market Committee）会议记录。参见Goodfriend et King（2005）。

年夏天，通货膨胀率急剧下降，他满意地指出："这也许是战后第一次，企业真正开始审视自己。它们不再仅仅满足于传统的方式，进行肤浅的点名裁员之类的整顿。"信贷成本的上升给宏观经济带来了一定的冲击。破产和失业率上升残酷地削弱了工人的谈判能力。相反，金融资本的所有者却从利率飙升中获益。

回过头来看，1979年的这场政治变革似乎是新自由主义的奠基之举。鉴于美国经济的核心地位，这场政治变革的影响波及全球。随着利率的上升，食利者们卷土重来。他们看到自己的权力通过逐步的自由化得到了巩固，打破了自20世纪30年代大萧条以来金融活动受到的束缚（Duménil et Lévy, 2014；Morris, 1982；Smithin, 1996）。根据这一解释，利率上调和金融自由化的综合影响是投资放缓的根源。如图8-3所示，利率上调耗尽了企业的自有资源。与此同时，金融业务的利润率增长，导致股东要求企业实行更高的利润率标准。因此，企业持有的利润份额减少，投资放缓。从逻辑上讲，拟议的投资项目必须符合这一新的盈利标准，因此要经过更严格的筛选。

金融支付在多大程度上消耗了企业的利润？法国和美国有足够长时期的数据，似乎可以证实这一分析［见图8-4（a）至图8-4（e）］。就法国而言，在20世纪70年代，我们可以看到支付的利息量有所增加，并随着利率的上升而加速。但到了20世纪80年代，随着企业降低负债率，支付的利息慢慢开始下降。20世纪90年代后半期，股息激增，金融市场上的股

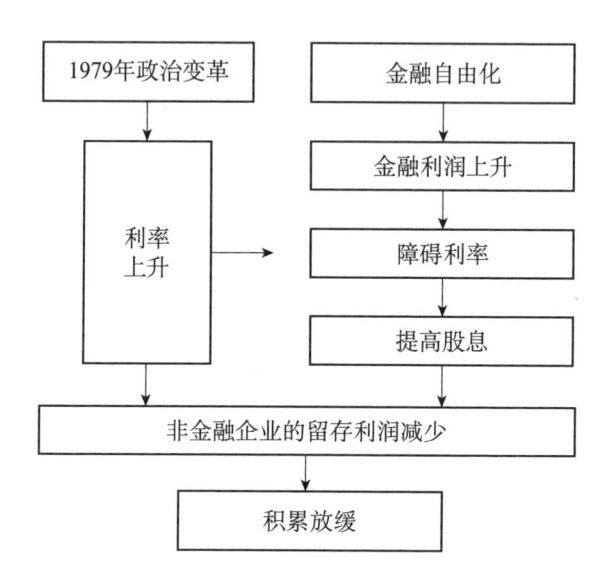

图 8-3　食利者卷土重来与积累的放缓

资料来源：Cédric Durand and Maxime Gueuder,'The investment-profit nexus in an era of financialisation and globalisation. A profit-centred perspective', Working Papers PKWP1614, Post Keynesian Economics Study Group.'

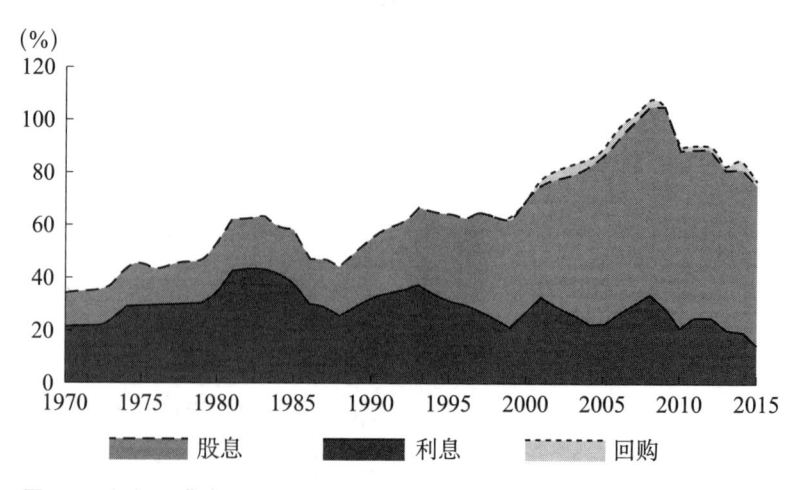

图 8-4（a）　非金融企业金融支付——法国（占营业盈余总额的百分比）

资料来源：作者使用 OECD 和欧洲央行数据所做的计算。

息支付总额从20世纪70年代初占营业盈余总额的40%左右上升到2008年金融危机爆发时的110%以上。有趣的是，回购只是在21世纪头十年才出现，而且在美国之外发挥的作用也相当有限。

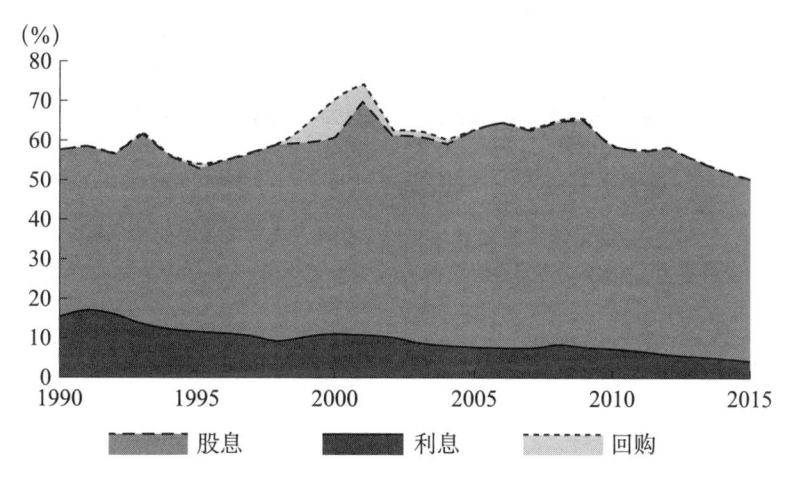

图8-4（b） 非金融企业金融支付——德国（占营业盈余总额的百分比）

资料来源：作者使用OECD和欧洲央行数据所做的计算。

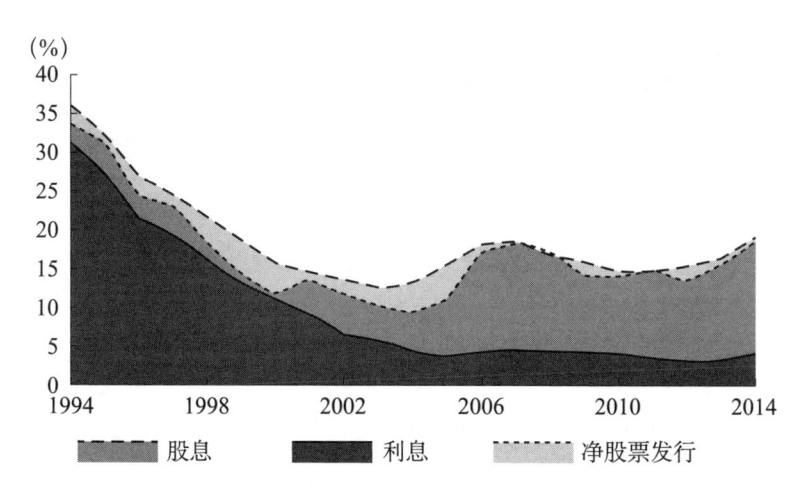

图8-4（c） 非金融企业金融支付——日本（占营业盈余总额的百分比）

资料来源：作者使用OECD和日本央行数据所做的计算。

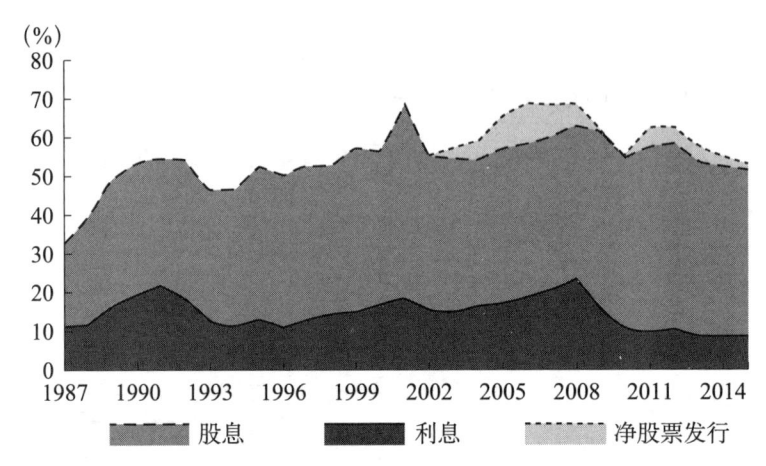

图 8-4（d） 非金融企业金融支付——英国（占营业盈余总额的百分比）

资料来源：作者使用 OECD、英国国家统计局和英格兰银行数据所做的计算。

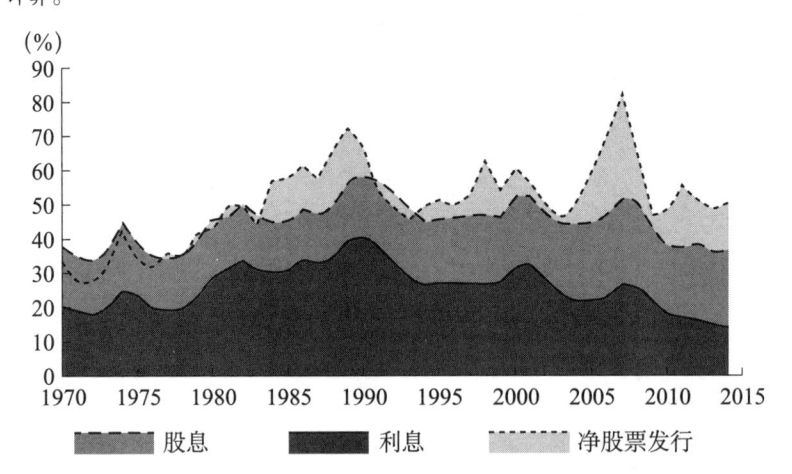

图 8-4（e） 非金融企业金融支付——美国（占营业盈余总额的百分比）

资料来源：作者使用 OECD、美国经济分析局和美联储数据所做的计算。

在美国，1979 年的货币主义冲击标志着金融支付量开始上升。直到 20 世纪 80 年代中期，仅靠利息支付来维持这一运动。美国情况的特殊性在于股票回购的重要作用，由于税收原因，股票回购在一定程度上取代了股息作为股东报酬的一种手段。通过回购自己的股票，公司推高了价格，这就为这些股票的所有者机械地创造了资本收益。在这整个时期，金融市场的总支付额也大幅上升，从20世纪70年代的平均40%上升到20世纪80年代中期以后的约60%。然而，这大大低于法国在21世纪头十年达到的水平。[①]

退一步说，我们可以看到，在英国，股息在20世纪90年代末有所增加，随后趋于稳定。德国在10年后也出现了同样的轨迹，股息的增加足以弥补金融危机前利息支付的下降。在日本，值得注意的是，20世纪80年代泡沫经济之后，与企业长期负债相关的利息支付大幅下降，但在21世纪头十年，股息的比重也在不断增加。然而，与其他国家相比，日本的金融支付规模要小得多。此外值得注意的是，在2008年金融危机之后，日本是唯一总体金融支付占利润的比例没有下降的国家。

在出现这种现象的地方，利润份额中用于金融市场支付的比例上升，可能确实印证了"食利者卷土重来"的观点，利润增长却没有转化为积累，这或许可以用来解释"利润悖论"。但事实上，这一论断并不十分令人信服。我们将在下文中指出，企业从金融活动中获得的收入也在不断增加，以至它们可用于投资的资源（占利润的比例）并没有明显减少。因

[①] 与其他国家相比，法国非金融企业的金融收入和支付水平极高，这并不容易解释。第一种解释与税收制度有关，该制度通过社会保障缴款，在企业申报利润之前就对其课以重税。此外，不同国家的合并会计技术也可能造成这种差异。无论如何，这只是程度上的限定，而不是趋势本身。

此，非金融企业收入的金融化似乎是对20世纪70年代实施的公司治理改革以及由此产生的对生产性投资的厌恶的一种回应。

厌恶投资

在一篇经常被引用的文章中，威廉·拉佐尼克和玛丽·奥沙利文（William Lazonick et Mary O'Sullivan，2000）将股东利润最大化描述为20世纪80年代和90年代形成的一种公司治理意识形态。这种意识形态伴随着大公司高管在战略方向上的重大转变。他们放弃了福特主义时期的逻辑（"保护和再投资"利润以最大限度地促进公司的增长），转而向股东的短期回报目标看齐。这意味着"重组和分配"，通过剥离利润最低的活动来减少就业，外包支持其主要活动的其他角色（通常指清洁、公司餐饮、安保、维护），并加大国际分包合同的使用，以增加分配给股东的利润份额。这种重组在一定程度上是为了应对20世纪70年代的盈利危机，并且在利率上升的背景下进行（Fligstein et Shin，2007，p. 402）。但这首先在微观经济层面上进行，这是一个改变公司本身的问题。

公司改制

直到20世纪70年代，大型多元化企业集团一直占主导地位。在美国，每个行业的大多数龙头企业都保持着主导地位，并在国际上取得了成功——通用汽车（General Motors）、标准石油（Standard Oil）、固特异（Goodyear）、杜邦（DuPont）、宝洁（P&G）、联合果品（United Fruit）和雷诺烟草（R. J. Reynolds）等70家公司在1919年和1969年均跻身美国百强企业行列（Edwards，1975）。大公司的这种超强稳定性是垄断资本主义的特征。然而，20世纪80年代和90年代出现了一个重大的重组过程。在1912年跻身世界百强的54家美国企业中，只有17家在1995年仍榜上有名，而且只有26家公司在1995年的资本总额超过了1912年（Lamoreaux, Raff et Temin，2002）。这种衰落主要不是因为数字经济新巨头的崛起（微软和苹果此时还远未达到这种高度，谷歌和脸书也还不存在）。相反，它更多地归因于一体化优势的逐渐丧失以及专业化趋势。运输和通信成本的不断降低提高了市场的流动性和交易的稳健性。这就减少了与特定资产相关的技术和商业相互依存的问题，而这些问题迄今为止一直是纵向一体化的理由。此外，随着生活水平的提高，需求本身也发生了变化，从标准化产品转向差异化的产品和服务。在后一种情况下，与规模经济有关的优势可能就不那么重要了。

然而，这种生产结构的重组并不以提高经济效益为主要目的。相反，它是股东、管理者和员工之间权力关系的动荡。由于股东中出现了新的参与者，利润下降对公司管理层的压力更大。20世纪70年代，随着限制人寿保险公司和养老基金投资组合中风险股票和资产比例的措施放松，机构投资者在美国发挥了越来越大的作用。与此同时，集体储蓄基金也得到了发展，新的股票市场技术和规则使得交易量增加，交易更加流畅。因此，管理者现在面对的是强大的、流动性强的股东，他们决心维护自己的利益。20世纪80年代，股东大会变成了战场，大量敌意收购将管理团队推向一边。

这些激进的股东能够利用一种新的理论工具——"代理理论"（Jensen et Meckling, 1976）。根据这种理论，经理们在增长和维持就业的目标指导下执行政策。与其说这些目标符合股东的利益，不如说符合他们自己的利益。然而，要恢复委托人（股东）对代理人（经理人）的权力，就需要一种可信的威胁。因此，他们需要建立一个收购市场，让他们能够将任何没有在股票市场上攫取足够股息和资本收益的公司管理层抛弃。正如詹森（Jensen）所言："问题在于如何激励管理者交出现金。"（Jensen，1986，p.323）

杠杆收购（LBOs）最初于20世纪80年代在美国兴起，它是实现上述目标的激进手段。恶意收购者在企图掌控目标公司时，会发行评级较低的高息劣质债券，并以此作为收购目标公司资产的交换条件。被收购一方的管理层则背负着沉重的偿债压力，为了避免公司破产，他们将被迫采取大规模裁员和变卖资产等激进手段。反观恶意收购者，他们能以较高的确定性获得巨大利润。与之对应的是，恶意收购的威胁也能倒逼目标公司的高层管理人员提升经营效率，对高管起到督促作用。

在奥利弗·斯通（Oliver Stone）1987年执导的电影《华

尔街》（*Wall Street*）中，迈克尔·道格拉斯（Michael Douglas）饰演肆无忌惮的交易员戈登·盖柯（Gordon Gekko）。在一个让人印象深刻的场景中，股东大会将公司管理层赶下台，盖柯阐述了那个时代的信条：

> 姑且说是"贪婪"吧。贪婪是好的，是正确的，是有效的。贪婪能让人拨开迷雾，直击本质，并体现进化的精髓。无论是对生命、金钱、爱的贪婪，还是对知识的贪婪，各种形式的"贪婪"都标志着人类不断向上的势头。并且，请记住我说的话，贪婪不仅能拯救泰尔德纸业（Teldar Paper），还能拯救那家运转失灵的、名叫"美国"的公司。

讴歌贪婪的另一面是公司重组。这些行动首先涉及工会化程度最高的企业（Baumol, 2003, p.133; Moody, 2007）。只要工资更高，社会福利更丰厚，就会有更多的价值从劳动力转移到资本。这就启动了一个累积过程。在不到10年的时间里，美国的工会化水平从1979年的25%下落到1988年的15%（Mishel, Bernstein et Boushey, 2003）。这削弱了工人的整体谈判能力，有利于资本和高层管理者。与此相反，使管理者和股东利益保持一致的意愿也导致高层管理者的薪酬不断飙升。这种工资不平等加剧的态势首先涉及公司董事会和财务岗位。这些人的目标是构思符合为股东创造价值原则的管理工具（Godechot, 2013; Tomaskovic-Devey et Lin, 2011）。

151

为股东创造价值的困境

专门论述为股东创造价值的文献致力于从理论上论证这一原则以及由此产生的制度安排,这不仅关系到股东,也关系到整体经济效率。有关企业治理的著作确立了一项自圆其说的原则,企业的经营必须符合所有者的利益。[①] 但他们未能证明,将企业的控制权分配给那些以自有资金创建企业的人,是能够使资源得到最佳利用的激励机制(Rebérioux,2005)。我们将看到,这主要有两个原因。

首先,自20世纪80年代以来,金融市场变得更加深入,流动性更强。其结果之一是建立了最低盈利标准,与之相对应的是,将风险转移给其他利益相关者(Lordon,2000,pp. 137–138)。事实上,如果股东能够要求并确保有保障的回报,他们就不会承担创业风险,而会让其他人来承担。我们知道,这里所说的"他人"就是工人,他们通过薪酬个人化和提高劳动灵活性来承担这些风险。但"他人"也包括供应商。在我们对大型零售商的研究中,席琳·鲍德(Céline Baud)和我为这一现象提供了一个生动的例证(Baud et Durand,2012)。在过去的20年中,信息通信技术和运输业的进步显著提升了物流链的效率。对于该领域全球十大公司而言,这转化为库存成本平均(均值)下降了三分之一,从1992年到2007年,库

[①] 企业所有权问题并不像看起来的那样不言自明。法学家们已经证明,从法律角度看,企业既不属于股东,也不属于其他利益相关者。关键问题在于谁来管理企业。参见 Chassagnon et Hollandts(2014)。

存成本从销售额的49天缩短至34天（见图8-5）。然而，尽管供应商也投资了物流链，但这种节省并未缩短他们支付供应商货款的时间。甚至可以说，情况恰恰相反。2007年，十大主要经销商对其他利益相关者（主要是供应商）的平均（均值）债务相当于销售额的43天，而20世纪90年代初约为30天。随着这种情况的发展，供应商垫付的资金现在不仅能够支付库存成本，甚至大大超过了库存成本。

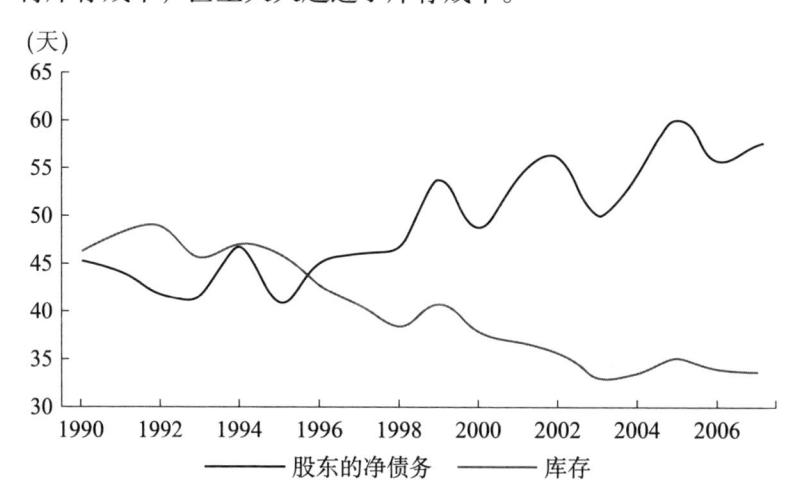

图8-5 对股东的净债务和库存，以销售天数表示

资料来源：Céline Baud and Cédric Durand, 'Financialization, globalization and the making of profits by leading retailers', *Socio-economic Review*, 10: 2 (2012), 241–66.

供应商向零售商无偿提供自己的资金，从而提高了利润率和股东分配的价值。这样就形成了一个资本等级体系，中心企业与金融市场直接相连，利用自己的市场力量，向位于外围的企业传递各种冲击，并推高价值，以达到甚至超过股东保证的回报。通过这个链条传递的压力转化为对分包企业工资条件的侵蚀，越远离订单提供者，这种侵蚀就越严重（Perraudin et al.，2013）。

新制度主义的交易成本方法提供了第二个论据，证明了股东约束权的合理性（Williamson，1985，1988）。这种观点认为，投资于企业的人将面临风险，因为他们带来的资金投资于没有多少流动性的特定资产，即在企业本身之外难以估价的资产。那么工人呢？他们通过劳动过程参与企业也意味着一种特殊的投资——对自身能力的投资，其必然结果就是，如果他们失去工作，就会面临贬值的风险。供应商也是如此，为了维持分包商的地位，它们往往要进行大量的投资。然而，我们没有理由先验地认为，这种风险比管理者使用股东带来的资金所产生的风险要小。鉴于股东可以通过金融市场摆脱这种参与，这一点就更加正确了。

归根结底，与工人和分包商的具体投资相比，股东在深入和流动的金融市场中享有近乎有保障的回报，这意味着他们面临的风险并不比其他利益相关者更多。情况恰恰相反。因此，我们没有理由认为，股东更有动力去控制管理者调配公司可用资源的方式。因此，认为加强股东权力就能提高效率的观点完全没有根据。

这种固有的理论不一致性并不是为股东创造价值原则的唯一甚至主要局限。它的假设破坏了这一结构的基础。事实上，在股东价值概念所依赖的新企业理论中，企业被视为平等者之间的契约网络（Coriat et Weinstein，1995）。然而，即使资本与劳动的关系正规化了，它也依赖于一种根本上不平等的契约。该不平等不仅反映了资本支配劳动的分配倾向，还反映了这种倾向背后的先决条件。美国激进分子强力重申了这一点（Tinel，2004）。为了强调这关键的一点，让我们引用马克思关于资本家和工人关系的一段话：

> 两种极不相同的商品占有者必须互相对立和发生接触；一方面是货币、生产资料和生活资料的所有者，他们要购买他人的劳动力来增殖自己所占有的价值总额；另一方面是自由劳动者，自己劳动力的出卖者，也就是劳动的出卖者。自由劳动者有双重意义：他们本身既不像奴隶、农奴等等那样，直接属于生产资料之列，也不像自耕农等等那样，有生产资料属于他们，相反地，他们脱离生产资料而自由了，同生产资料分离了，失去了生产资料。商品市场的这种两极分化，造成了资本主义生产的基本条件（Marx，1963，p.1168）。

诚然，劳动过程中的支配与劳动产品的所有权剥夺确实源于一种交易，但这种交易并非自愿进行。工人之所以同意，仅仅是因为他们没有为自己生产和维持自身劳动力的条件。无论形式如何，工资关系都表达了劳动与资本之间的这种不对称，它是资本主义的基础——工人与生产资料及其劳动产品的双重分离（Bettelheim，1976）。工资关系的变革反映了调动劳动创造力的需要以及权力关系的发展方式。但它们无法克服劳动与资本的对立，这种对立与分配冲突及政治冲突密不可分。这是剥削关系的必然结果。这就是当代政治经济学不相信股东价值最大化概念的主要原因。从历史的角度来看，这一概念取得的成功只不过是资本主义的一次进攻。

非金融企业的金融收入

为了解释无须积累的利润之谜，必须考虑与创造股东价值原则相关的意识形态和制度攻势。产业结构调整和解散强大的工会组织有助于恢复利润，而无须重振投资。无论这一转变多么重要，它都无法解释新的公司治理形式对管理战略产生的所有影响。我们还必须在"重组与分配"公式中添加第三个前提条件——金融化。管理者使自己的行为与激进股东的要求相一致，这确实使他们走向了金融自由化和利率提高所开辟的新兴利润来源。确实，相比于生产性投资需要进行不可逆转的投入，金融手段的一个优势就是能够在无须进行此类投资的情况下获得更高的回报。图8-6展示了这一运作机制。为了满足股东对短期高回报的要求，公司管理层开始厌恶无法收回的成本，并把部分资源转移到金融市场进行增殖。这最终导致积累放缓。

图8-7综合了第五章开头介绍的非金融企业金融收入数据。数据显示，法国非金融企业的金融收入出现了惊人的增长，这表明企业已从生产投资转向金融化积累（Clévenot, Guy

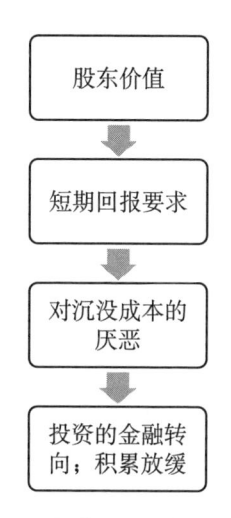

```
   ┌─────────┐
   │ 股东价值 │
   └────┬────┘
        ▼
   ┌─────────┐
   │短期回报要求│
   └────┬────┘
        ▼
   ┌─────────┐
   │对沉没成本的│
   │   厌恶   │
   └────┬────┘
        ▼
   ┌─────────┐
   │投资的金融转│
   │向；积累放缓│
   └─────────┘
```

图 8-6 投资金融化与积累放缓

资料来源：作者的阐述。

et Mazier, 2010)。[①] 其他国家也表现出同样的趋势，尽管程度不那么明显。在美国，这种趋势由与股票回购相关的资本收益支撑。在除日本和英国以外的所有国家，我们都可以观察到危机后此类收入的比重显著下降。

金融收入重要性的上升也表明，如果不考虑金融活动产生的资源，我们就无法独立地评估非金融部门的资金流失。图 8-8 显示了净金融支付在非金融企业实现利润中所占百分比的变化情况。这表明，与非金融企业的利润相比，净金融支付并没有普遍增加。就美国而言，我们可以看到在 20 世纪 80 年代中期出现了轻微的增长，但之后并没有出现明显的趋势。值得注意的是，2007 年企业大量购买自己的股票，达到了惊人

[①] 我们应该记住上面提到的法国社会缴款制度的特殊性，与其他国家相比，法国社会缴款制度往往低估了利润。

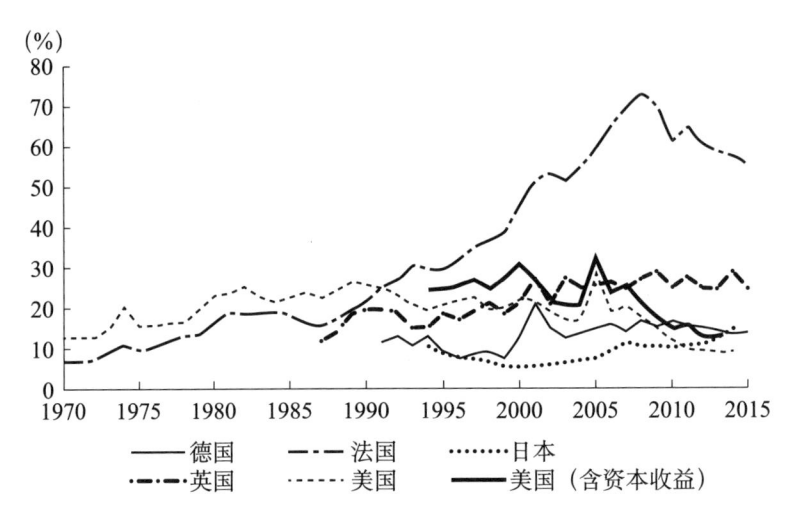

图 8-7 非金融企业的总金融收入（占营业盈余总额的百分比）

资料来源：作者根据 OECD 和国民核算数据所做的阐述。

的顶峰。在法国自 20 世纪 80 年代以来，以及在英国、德国和日本自 20 世纪 90 年代以来，净金融支付的比重呈下降趋势，日本的下降幅度尤其大。这是一个非常重要的发现。与通常的观点相反（Cordonnier et al., 2013）[①]，除了美国以外，金融部门并没有对非金融企业的资源造成净消耗。

当今虚假资本主义的特点是企业对利润的投资倾向降低。这种趋势体现在一个大背景下，非金融企业既增加了对金融市场的支付（利息、股息和股票回购），同时也增加了自身的金

---

① 为了证明自 20 世纪 90 年代以来金融借贷的增加，这项研究的作者做了一种相当可疑的方法论修补工作。他们试图用通货膨胀的影响来修正金融支付与投资之间的比率。但很难理解其原因，因为这一比率中的两项都是按现行价格计算的。这使得他们的论述变得极为复杂，并导致他们做出了一些真正大胆的假设（例如，假设负债水平在整个时期内保持稳定）。此外，在这一操作中，他们忽略了减去企业收到的利息（Cordonnier et al., Dallery, Duwicquet, Melmiès et Vandevelde, 2013, pp. 106 – 108）。

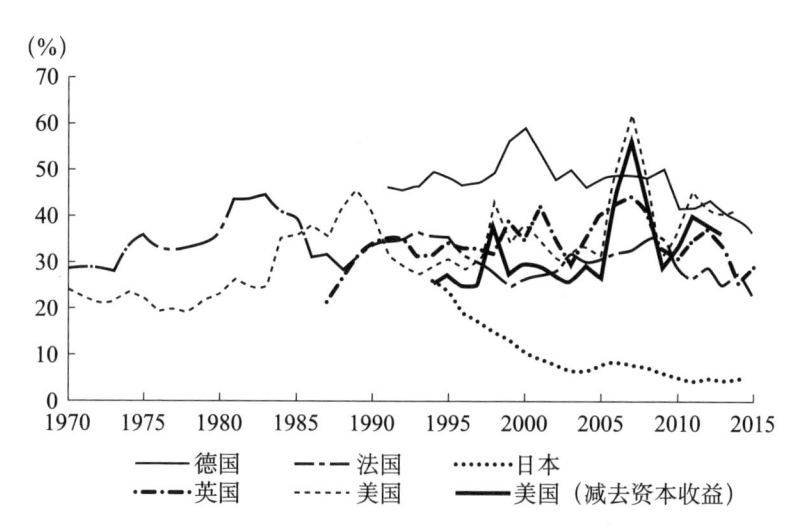

图 8‑8　非金融企业净金融支付（占营业盈余总额的百分比）

资料来源：作者根据 OECD 和国民核算数据所做的阐述。

融收入。这两个动态之间并没有直接的联系。显而易见的是，认为金融部门越来越成为企业的负担，这种观点并不够严谨。毕竟，向金融市场支付的净额比例并没有上升。

我们可以掌握其中的一种作用机制。金融投资利润率的提高和股东权力的加强对投资产生了负面影响，为盈利业务开辟了新的领域，并确立了最低利润率标准，低于这一标准的生产项目将被排除在外。因此，我们解开了无须积累的利润之谜的一部分。金融利润支持非金融企业以金融支付的形式分配更大份额的利润。

然而，这并不是一个完全令人满意的解释。虽然它表明企业在生产领域之外找到了新的收入来源，但它在很大程度上使金融收入的来源问题悬而未决。事实上，从总体上看，金融只是一手从非金融企业那里拿走了它一手给予它们的东西。根据这一模式，非金融企业的金融化必须仅从金融领域来解释。换句话说，这必然与我们之前研究的虚拟资本和通过剥夺获利的动态相吻合。

然而，还需要考虑另一个因素，因为股东权力回归所要求的重组的确在无须进行大规模新投资的情况下恢复了利润。然而，这里的论点在理论上仍然站不住脚。毕竟，一旦盈利能力恢复，再投资的利润份额本应再次上升。

股东的短期主义依然存在。确实，有大量文献表明，机构投资者因被迫非常频繁地报告其业绩，从而将这种需求传递给了企业本身。然而，这种解释也存在问题。股价反映了对预期利润流的信念。因此，投资应该会增加预期利润，而未分配股利对应的利润应该转化为股价上涨，从而带来资本收益等潜在的金融利润。总之，既然投资也意味着使股东受益，那么就很难将管理层对投资的厌恶解释为他们必须满足企业财产的所有者的义务。

如果我们想更好地理解无须积累的利润之谜，我们就应该考虑金融交易收入以外的因素，以及金融只是对生产部门的掠夺这一观点。我们将看到，金融化与全球化之间的症结是这个问题的一个决定性的重要方面。

金融化与全球化之间的症结

1902年，英国经济学家约翰·阿特金森·霍布森（John

Atkinson Hobson）描述了他认为帝国主义可能导致的最终结果：

> （大国联盟）远不能推动世界文明事业的发展，反而会带来西方寄生主义的巨大危险。这群先进的工业国家，它们的上层阶级从亚洲和非洲攫取了大量贡品，并用这些贡品养活了大批驯服的家臣。他们不再从事农业和制造业等主要产业，而是在新的金融贵族的控制下从事个人服务或次要的工业服务。

霍布森继续劝诫那些对他的说法持怀疑态度的人：

> （让他们）反思一下，如果将中国置于类似的金融家、投资者、政商官员集团的经济控制之下，榨干这个世界上有史以来最大的潜在利润宝库，以便在欧洲消耗掉这些利润，那么这种制度的大扩张就可能变得可行（Hobson cité par Lénine，1979，pp. 170–171）。

在很长一段时间里，这种观点似乎是荒谬的。事实上，战后富裕国家的工人阶级力量不断壮大，生产得到了惊人的发展。从20世纪50年代到70年代，结构主义和依附理论试图证明，随着时间的推移，世界资本主义正在重现中心与边缘之间的两极分化。它们这样做的主要目的是强调最贫穷经济体的发展障碍。与此相反，20世纪80年代，日本、韩国、中国和中国台湾在"赶超"方面取得了成功，因此这些经济体有可能在工业化经济体中占据一席之地。然而，苏联集团的解体，从根本上改变了全球化的利害关系。在这种情况下，霍布森的直觉似乎具有奇特的预言性。

霍布森描述的世界有三个特点：（1）"金融寡头"统治着富裕国家；（2）这些国家的工人受雇于"个人服务"或"次要的工业服务"；（3）中心国家以利润和工农业产品的形式从边缘国家"纳贡"。我们可以将这一关系体系转化为当代术语。富裕国家收入向上集中的金融利润建立在对"全球南方"国家的工业劳动力和自然资源的剥削之上。中心国家多余的工业活动被削减到最低限度，结果，这些地区的工人发现自己只能从事附加值低的辅助或服务活动（特别是个人服务），而这些活动无法在国际商业层面上进行交易。

当然，我们不可能直接将这种解释移植到我们这个时代。例如，去工业化并不能归结为工业劳动力从"北方"向"南方"的转移，因为它首先由一种被称为"鲍莫尔定律"的经济动态所导致。威廉·鲍莫尔（William Baumol）和他的同事威廉·鲍文（William Bowen）在1965年对纽约表演艺术部门的经济困难进行了研究，结果表明，相对于那些生产力停滞不前的活动，生产力更具活力的活动对经济和就业的重要性往往会降低。因此，从1913年到今天，法国从事农业生产的人口比例从40%下降到3.5%，尽管农业生产大幅增长。与此相反，制作一部歌剧所需的人数当然没有减少，成本也没有降低。在不可能用机器代替劳动力的情况下，任何提高演出质量的尝试都必须增加劳动力的数量，从而面临更高的价格。医疗保健、教育或理发等行业的生产率并没有大幅提高，因为这些服务的生产和消费需要生产者和消费者直接面对面的接触。然而，这些障碍并没有完全消除。在线大学课程和远程医疗咨询的发展为大规模重新部署劳动力提供了其他可能性。2012年5月，在日本南部西宫市（Nishinomiya）的一家美发店里，松下甚至测试了一款专门洗发的机器人！

近年来，"全球南方"资本主义发展导致的国内生产总值"追赶"似乎也与帝国主义的经典理论相矛盾。的确，很难将中国近期的发展轨迹简单地归结为对中心国家的敬意，即使中国即将成为世界最大经济体，从而获得大国地位。

霍布森的预测之所以引人注目，并不在于它忽略了什么（这在一个世纪之后也并不令人意外），而是在于它巧妙地把握了什么。他领会到，金融化和全球化通过生产流程的全球重新部署而相互联系。图8-9阐明了近期金融化和全球化之间的这种联系。资本和贸易流动的自由化、经济转型以及发展主义经验的终结，为资本增殖过程打开了全球化之门，主要后果是全球劳动力数量翻了一番（Freeman，2007）。随着中国、印度和原苏联集团国家加入世界经济，全球市场上的工人数量在20世纪90年代从15亿增加到30亿。这种突然出现的大量劳动力对富裕国家的工资造成了下行压力，同时也为资本价值化提供了新的机会，即使一开始主要指低技能劳动力，这种劳动力的一部分潜在供给尚未被充分利用。这种冲击以两种不同的方式与富裕国家无须积累的利润问题联系在一起。一方面,由于进口商品价格下降,企业可以获得利润;另一方面,现在向国际资本开放的新领域提供了投资机会,可以替代国内投资。

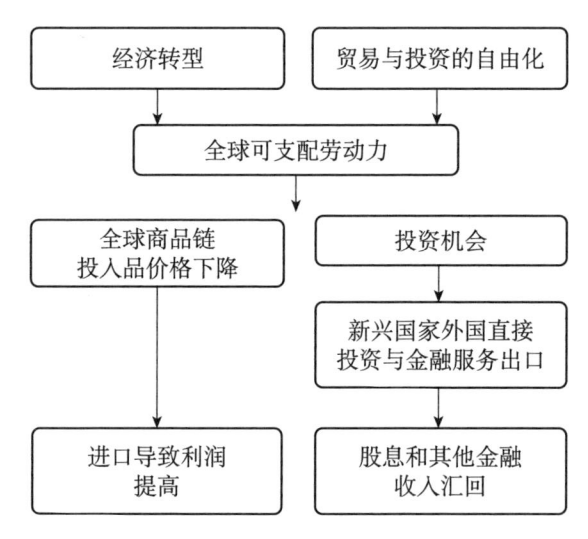

```
经济转型          贸易与投资的自由化
    │                  │
    └────────┬─────────┘
             ▼
       全球可支配劳动力
         │        │
         ▼        ▼
   全球商品链    投资机会
   投入品价格下降   │
         │        ▼
         │   新兴国家外国直接
         │   投资与金融服务出口
         ▼        │
    进口导致利润   ▼
       提高    股息和其他金融
               收入汇回
```

图 8-9　全球化与无国内投资的利润

资料来源:Cédric Durand and Maxime Gueuder, 'The investment - profit nexus in an era of financialisation and globalisation. A profit - centred perspective', Working Papers PKWP1614, Post Keynesian Economics Study Group.

关于全球商品链的著作对第一种机制进行了非常广泛的研究(此类文献的导论,参见 Bair,2010)。由于进口产品(无论是中间产品还是贸易部门的最终产品)价格下降,"全球北方"大公司的利润率有所提高。它们对独家技术和最重要市场准入的控制,使它们能够要求降低所购产品的价格,而不必在销售环节将节省下来的成本转嫁出去。为了理解其中的利害关系,我们将以美国零售巨头沃尔玛为例。

第八章 无须积累的利润之谜

沃尔玛是全球化经济中全球买家的典范。该公司既是全球最大的公司（2013年综合收入达4 760亿美元），也是全球最大的私营雇主（拥有220万名员工）。同时，它也是一家盈利能力极强的公司。自2010年以来，沃尔玛自有资本回报率从未低于20%。每周有2亿消费者光顾沃尔玛遍布27个经济体的10 000个销售点。凭借由数千辆卡车和数万辆拖车组成的车队、数百个分销中心和自有卫星系统，该公司在物流方面享有相当大的优势。例如，在"卡特里娜"飓风过后的第二天，甚至在联邦应急机构部署救援行动之前，沃尔玛就能重新开放商店。此外，沃尔玛还是国际经济的主要参与者，从中国进口到美国的消费品约占其商品总量的15%（Basker et Hoang Van，2010）。

鉴于沃尔玛的经济实力，双方力量对比失衡，这对沃尔玛6万家供应商中的大部分来说非常不利。零售商长期处于竞争状态，因为沃尔玛可以轻而易举地在不同公司之间，甚至在一个国家与另一个国家之间转换供应网络。因此，为了维持这个至关重要的市场，供应商反过来也会努力降低自己的成本，尤其是采用在全球化经济边缘运作的分包商。因此，股东获得的回报显然与这些链条另一端对劳动力的无耻剥削有关（Milberg et Winkler，2010；Palpacuer，2008），尤其是在遍布"全球南方"的出口加工区。2006年，约有6 600万人在这些地区工作，其中大部分是年轻女性，而这些地区几乎不存在税收、法规和劳工权利（Milberg，2007）。孟加拉国首都达卡的一个出口加工区就曾发生过拉纳广场

165

(Rana Plaza)惨剧。2013年4月24日,这座八层楼的建筑倒塌,造成1 138名工人死亡,其中大多数是女性。卡美欧(Camaïeu)、沃尔玛、H&M、Mango、欧尚、家乐福和贝纳通等品牌的商标散落在废墟中。事故前夕,检查人员在墙体上发现裂缝后要求紧急疏散大楼人员,但纺织车间老板却坚持要求工人继续工作。这些工人的工资每天不到1欧元。

因此,一方面,寡头垄断控制着最终市场的准入和关键技术;另一方面,大量劳动力被用于生产制成品和提供标准化信息服务。对全球商品链的研究表明,这种状况导致了全球范围内的两极分化。在利用近期才可获得的人力储备的供应网络中,主导企业(大多位于"全球北方"国家)可以从一种不平等的交换形式中获利。在商品自由流通的背景下,竞争形式和发展水平的空间异质性允许整个商品链(包括金融市场)一路推高利润。因此,无须积累的利润之谜得到了部分解决——由于利润不仅来自国内经营,还部分来自对国际生产网络的控制,因此利润的动态与投资动态脱节并不令人惊讶。

非石油生产发展中国家对高收入国家的进口增长进一步证明了这一论点,从20世纪80年代末至今,这些国家的进口持续快速增长(见图8-10)。鉴于这些进口的增加发生在危机爆发前世界贸易加速发展的背景下,情况就更加如此了。[①] 由

[①] 全球贸易总额占国内生产总值的比例从20世纪70年代末的约35%增至2008年的61.1%。此后,这一比例下降至2015年的57.9%,引发了关于全球化可能退潮的新讨论。根据世界银行的数据,贸易总额是指商品和服务贸易总额(世界出口加世界进口)占国内生产总值的百分比。

于欧洲国家规模较小，而且毗邻性强，它们之间的贸易量远高于美国或日本与其他发达国家之间的贸易量。这是这两组国家之间差距的根本原因。但总体趋势清楚地反映了新无产阶级日益深入"全球北方"企业控制的价值增殖过程。

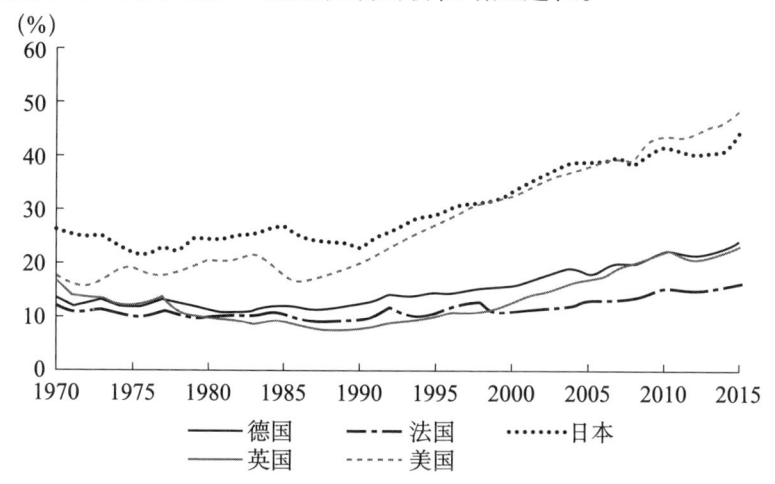

图 8-10　来自新兴和发展中国家的进口（占进口总额的百分比）
资料来源：不包括来自燃料出口国的进口——作者使用国际货币基金组织数据所做的计算。

金融化与全球化之间的关系还围绕着第二个机制——"全球北方"企业的外国直接投资（FDI）。我们已经提到过一个观点：企业在国内经济中再投资的利润比例很小，这与它们还有其他价值化机会这一事实有关。尤其如我们所说，非金融企业有可能通过金融活动来支持自己的利润。但全球化显然也为来自"全球北方"的资本提供了其他出路。20世纪80年代和90年代，"南方"国家取消了对外国直接投资的大部分限制，这不仅为资本提供了巨大的人力和自然资源储备，也为资本提供了新的市场。这使得在发展中国家的外国直接投资有可能取代在高收入国家的投资。

图 8-11 显示，与主要高收入国家的国内投资相比，外国直接投资充满活力。外国直接投资流量波动很大，但图中显示出明显的上升趋势，至少在危机之前是如此。虽然这并不能充分证明"积累正在从'北方'转移到'南方'"这一观点，但这种转移似乎确实正在发生。我们在富裕国家看到的积累放缓并不是更普遍运动的一部分。相反，图 8-12 显示，自 20 世纪 90 年代以来，中低收入国家的投资规模相对于国内生产总值的变化方向正好相反，尤其因为包括中国在内的中高收入国家集团的进步。从 1990 年起，我们甚至可以看到这两类国家的反向发展几乎完全同步，这表明一组国家正在取代另一组国家。

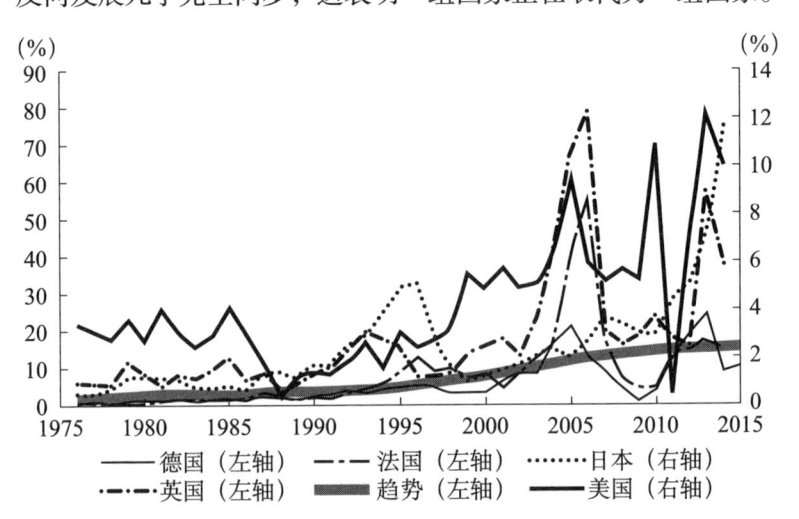

图 8-11 外国直接投资流出量（占国内固定投资总额的百分比）
资料来源：作者使用联合国贸易和发展会议数据所做的计算。

金融化与全球化之间的这种联系仍然鲜有研究，也鲜为人知。这有方法上的原因。40% 的外国直接投资流经避税港，而

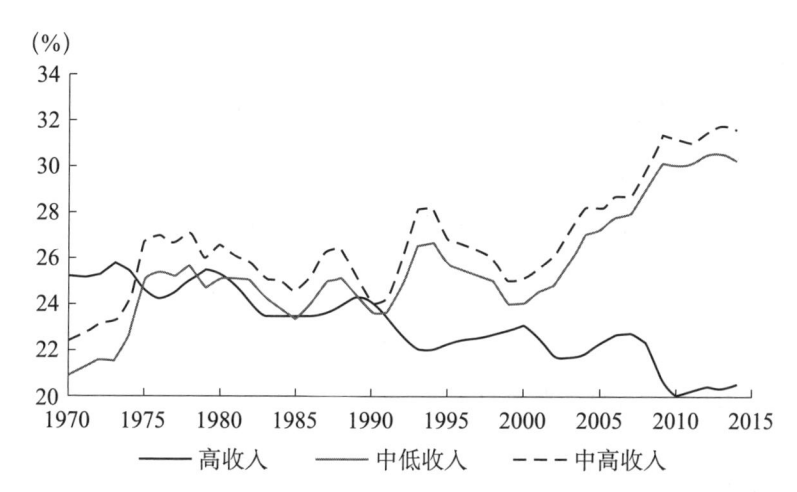

图 8－12　按国家组划分的固定资本形成总额（占国内生产总值的百分比）
资料来源：作者根据世界银行世界发展指标所做的阐述。

外国直接投资收入的数据使国际比较变得十分危险。在这种情况下，要说明全球范围内的资本循环过程极为困难。[①]

最近的一项研究对美国企业的外国直接投资数据进行了详细调查。研究认为，无须积累的利润之谜其实并不神秘，因为非金融企业确实在投资，但主要是在国内经济之外（Fieger, 2013）。尤其是非金融企业在国外资产的增长速度远远超过美国企业和外国企业在美国国内资产的增长速度。与此相对应的是，来自国外的股息在企业获得的所有股息中所占的份额也越来越大。

OECD 关于外国直接投资收入的新数据使我们能够掌握富

---

① 加布里埃尔·祖克曼（Gabriel Zucman）在这一主题上的开创性研究揭开了避税地家庭资产真实规模的面纱，并对表明发达国家是发展中国家债务国的数据提出了质疑。参见 Zucman（2013a, 2013b）。

裕国家与世界其他国家之间的不对称。图8-13显示，法国、德国、日本和美国的外国直接投资收入远远超过了它们的支付。英国的差额很小，因为它在全球经济中的参与主要是金融服务，为此从世界其他国家获得其他类型的金融收入费用。当然，这些外国直接投资收入大多来自其他发达国家，但收入和支付之间的差异与发达国家和发展中国家之间与外国直接投资相关的资金流动不平衡有关。

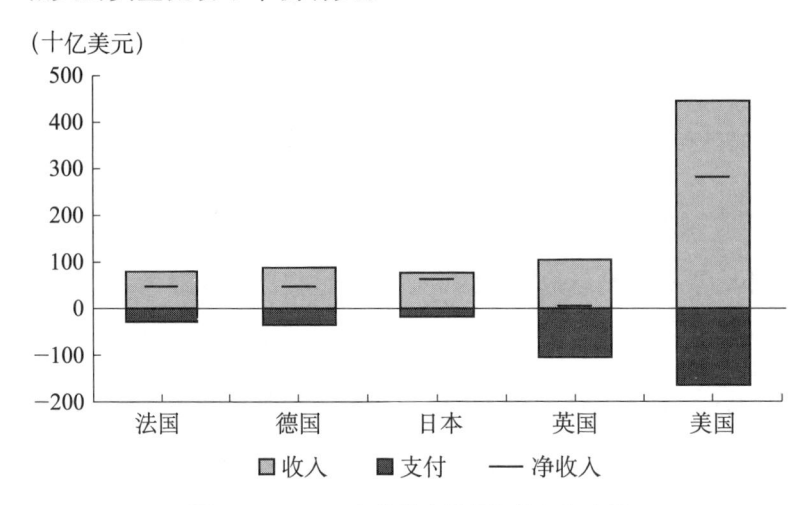

图8-13　2014年外国直接投资收入和支付

资料来源：作者使用OECD数据所做的计算。

法兰西银行提供的细分数据有力支持了这一论点。对外国直接投资的股息收入和支付数据按地区进行划分，我们就可以做进一步的分析了。数据首先显示，2001年，法国经济从海外获得的股息收入几乎是其自身支付的三倍。然而，离岸金融中心和其他地区（主要是发展中国家）在法国经济获得的外国直接投资股息总额中所占的比例正在迅速增长。2005—2011

年，这两个比例分别从2.2%上升到8.3%和从12%上升到18.2%。虽然上述两类国家是法国获得股息的来源，但法国支付的外国直接投资股息中，这两个来源的比例一直保持在较低水平。避税天堂几乎为零，发展中国家不到3%。简而言之，法国企业在其他国家进行的投资是其收入的重要来源，而且这一比例正在上升。法国CAC 40指数公司净利润接近60%来自海外，并且发展中国家扮演的角色愈发重要（Nivat, 2013）。

让我们来总结一下。非金融企业的金融化似乎部分是一种"视错觉"。当然，20世纪80年代初的利率上调和对为股东创造价值思想的接纳，有助于建立一个高于前一时期的新的盈利标准。然而，这并不意味着金融发挥了更大的掠夺性作用，即金融支出对金融收入的消耗比以前更大。虽然金融支出在利润中所占比例大幅增加，但金融收入也是如此。从长远来看，这意味着非金融企业的净金融支付占利润的比例并没有增加。换句话说，由于企业自身产生的金融收入，企业似乎向债权人和股东支付了更多的金融收入。

这种粗浅的解读并不能让我们满意地解开无须积累的利润之谜。毫无疑问，跨国公司已成为真正的金融集团，它们积极管理自己的流动资产，以便利用各种机会使这些资产增殖，同时减少支出（Serfati, 2011）。但是，全球化的生产层面也在不断变化。对于"全球北方"的企业来说，贸易和投资的自由化以及发展主义经验的终结提供了新的利润来源和新的投资机会。这些企业可以利用其在全球商品链中的主导地位，随投入品价格的下降而提高利润率。此外，它们还迅速扩大了国际业务，包括在发展中国家的业务，使它们能够通过在国外实现利润来满足股东的期望。

总之，无须积累的利润之谜在某种程度上是人为造成的。自20世纪90年代以来，股东获得的高额利润越来越多地来自新兴国家的快速资本积累以及由此产生的利润。与此相反，企业开始放弃在"全球北方"国家的投资。这就解释了为什么这些国家在经济增长、就业和工资方面成果甚微。霍布森的直觉是对的，金融寡头的加强、富裕国家工人运动的削弱以及帝国主义确实构成了一个体系。

后 记

理论家詹明信（Frederic Jameson）指出："市场就像……披着羊皮的利维坦，它的功能并非鼓励和延续自由，而是压制自由"（Jameson，1991，p. 273）。市场意识形态披着自由的外衣，却禁止人类集体地、自觉地掌握自己的经济命运，声称这种举措只会导致悲剧。我们很幸运，可以把事情交给"看不见的手"这个隐蔽的上帝来处理，斯密式的市场把私人的恶习变成公共的美德，据说还能让利益冲突变得和谐（Perrot，1992）。

这种神话导致人们放弃了对未来进行思考和安排的自由。这也意味着放弃了当意外发生时修改这些计划的可能性。通过自由市场主义者的新自由主义计划，社会将对时间的掌控权交给了非人性的金融机制。后者因此获得了一种规训权力，公共和私人经济行为主体都必须服从这种权力。银行家和投资者的贪婪以及宏观经济的不稳定都源于这一机制，但构成它核心的是虚拟资本——对尚未产生的财富的提款权的积累，其形式包括私人和公共债务、股票市值和各种金融产品。

在有史以来最严重的金融危机爆发 10 年之后，欣喜的面纱已经褪去。现在是幻想破灭的时刻，承诺不再具有魔力。近30年来，金融化为沃尔夫冈·施特拉克（Wolfgang Streeck）所称的"民主资本主义"提供了喘息的机会（Streeck，2012，2014）。由于负债率上升和股票市场价格高企，尽管与战后相比经济增长急剧放缓，但企业的利润需求与民众对消费和公共服务的期望都得到了部分满足。提供信贷的人（股东、富有的储蓄者、机构投资者）对金融财富的大幅增长感到高兴，他们认为这些财富仍然可以兑换成货币。在一些国家，公债发挥了主导作用；而在另一些国家，消费贷款和住房贷款则扮演了主角。一些国家（特别是德国）通过积累贸易顺差，成功地阻止了初级形式的虚拟资本在国内经济中的发展。然而，在这种情况下，与一些人的盈余相对应的是另一些人的赤字，这本质上意味着向外国人贷款并接受境外发行的金融证券。2008年的金融飓风清楚地表明，没有什么能逃脱虚拟资本的控制。

当危机出现时，人们开始怀疑，支撑财富的基础难以继续支撑海量数据的激增。正如我们所见，金融只是相对独立。当然，它可以容忍与实体经济收益率有一定距离的波动，但它无法永远摆脱从土地和劳动力中攫取利润的需要。金融资本可能只是一只"纸老虎"，但它会咬人！

虚拟资本获得的力量体现在金融市场的流动性上。有价证券代表着对未来生产的优先购买权，但也为所有者提供了在任何特定时刻将其转换为真实货币的可能性。总体而言，这种流动性只是一种假象，因为不可能立即兑现所有这些承诺。但这无疑是一种强大的虚拟性。自 2008 年以来，政府当局将金融稳定放在绝对优先的地位，这表明它们决心证实虚拟资本对流动性的要求。然而，只有在已经做出的承诺得到遵守的情况下，这一要求才会成立。换句话说，现在的金融利润支撑着累积的虚拟资本的价值。只有过去的承诺得到遵守，今天的承诺才能被接受。自 20 世纪 80 年代以来，面对每一次金融动荡，各国政府和货币当局的重大使命就是保证金融利润的连续性，近年来更是如此。

今天，在生产不景气的背景下，这种需求呈现出引人注目的新特点。近半个世纪以来，富裕国家的经济增长一直在放缓，目前正陷入长期停滞状态。非金融企业金融支付和金融收入的增加预示着对国内投资的厌恶，助长了这些严重的停滞趋势。没有什么能保证技术的加速发展会带来新一轮经济扩张。随着金融承诺变得日益沉重，我们的社会正沿着一条在政治和经济上都具有爆炸性的轨迹前进。

虚拟资本的原材料是金融利润。由于金融本身不生产任何东西，它必须从别处汲取果实。我们指出了虚拟资本积累背后的三种社会经济逻辑。如果与创新相关的生产结构调整逻辑具有足够的活力，那么金融利润就可以持续，而不会对社会造成过大的损害。但随着时间的推移，我们越发清楚地看到，事实并非如此。因此，金融稳定开始依赖于另外两个显然不太值得依赖的机制——剥夺和寄生。

剥夺的特殊形式是与金融资本从国家干预中获益相关的政

治利益。在救助金融业的案例中，这些都是直接利益——向银行提供的公共担保以及为支持股票价值而出台的非常规货币政策。它们的社会内容不透明。一方面，这是对公共财政的实际或潜在支付；另一方面，这是金融部门货币权力的扩大。间接收益更容易理解。缩减公共服务和侵犯社会权利的紧缩措施旨在保证政府支付利息的连续性。同时，结构性改革的目标是通过降低劳动力价格和为企业开辟新的经营空间，来支持企业的盈利能力，进而支持企业支付股息和利息以及在股票市场上创造收益的能力。各国政府应对危机的举措恰恰体现了金融主导下的剥夺逻辑。对数百万人来说，这种剥夺意味着灾难。它的限度仅仅在于公众可以接受的政治底线。只有通过社会斗争和人民群众的主动性才能战胜它。然而，到目前为止，这些力量还不足够。

寄生逻辑的核心在于维持最低利润率作为财务准则。它就像过滤器一样筛选生产项目，即使是盈利的项目，达不到最低利润率也会被淘汰。这种筛选会导致经济增长乏力和就业率低迷。但这种寄生逻辑的存在，是因为某些资本增殖回路能提供更高的回报。在这方面，老牌资本主义国家和边缘经济体之间的不平等交换形式至关重要。东欧转型国家融入全球经济、放弃发展主义战略，都为中心国家金融市场积累的虚拟资本提供了养料，这得益于进口投入品价格的降低和海外利润的汇回。这种"帝国红利"是特殊历史时期的产物。30年来，跨国公司能够从几乎无限的劳动力供应中获利，对"全球南方"国家的公司行使寡头垄断市场的权力，并依靠美元以及（在较小程度上）欧元在国际上的主导地位。[1] 中心地区的特权能否持久？或者说，外围资本主义活力的激活是否必然导致这些特权的削弱？这些问题超出了本书的范围，却与本书所关注的问题息息相关。由于中心地区积累的虚拟资本部分依赖于外围地区对利润的饥渴，因此虚拟资本的可持续性也涉及地缘政治层面。在阿姆斯特丹和伦敦的霸权时代，国际强国之间的竞争与它们的金融地位和影响力密不可分。同样，在今天，美国的军事优势有利于美元和华尔街机构在国际上发挥作用（Prem,1997）。

在高收入国家，虚拟资本已不再是积累的动态因素，而是成为整个社会再生产过程的沉重负担。对金融预测的监管变得混乱不堪。它以金融和宏观经济冲击的方式进行，需要强有力的政治干预。微观层面的"生产积累"过程利润不足，使得主权国家不得不去解决国内外日益尖锐的分配冲突。这种政治的回归实属矛盾。金融霸权是神化程度最高的财富形式，它只有依靠公共当局无条件的支持才能维持。如果任由虚拟资本发展，金融必将崩溃，然而它崩溃的同时也会拖垮整个经济体。说到底，金融就是一个老练的敲诈勒索者。金融霸权披着自由市场的华丽外衣，却比以往任何时候都更牢牢掌控国家主权，

---

[1] 关于美元在国际金融发展中的作用（以及反过来，国际金融发展对加强美元主导地位的作用），参见 Gerald Epstein（2014）。关于欧元对欧洲银行和跨国公司作为全球货币项目的重要性，参见 Costas Lapavitsas（2013）。

以便压榨社会躯体来喂饱自身对利润的饥渴。这究竟还是不是资本主义？这种制度的濒死痛苦已被预言过无数次，但现在它可能真的开始了，似乎很意外。遗憾的是，我们看不到任何预示着解放之歌的未来迹象。富豪们无法忍受停滞，他们现在采取的策略是压垮我们其他人。资本偷走了人们的希望，虚拟资本的沉重包袱剥夺了他们自以为已经赢得的财富。

参考文献

AGEFI Hebdo, 17 mars 2011, « Un pilotage délicat pour les multinationales », *AGEFI*, http://www.agefi.fr/articles/un-pilotage-delicat-pour-les-multinationales-1171554.html.

Albritton, Robert ; Makoto, Itoh ; Westra, Richard et Zuege, Alan, 2001, *Phases of Capitalist Development: Booms, Crises, and Globalizations*, Houndmills, Basingstoke, Hampshire, New York, Palgrave.

Arrighi, Giovanni, 2010, *The Long Twentieth Century: Money, Power, and the Origins of our Times*, Londres et New York, Verso.

Bair, Jennifer, 2010, « Les cadres d'analyse des chaînes globales Généalogie et discussion », *Revue française de gestion*, n° 201, pp. 103-119.

Basker, Emek et Hoang Van, Pham, 2010, « Imports "Я" Us: Retail Chains as Platforms for Developing-Country Imports », *American Economic Review* 100 (2), pp. 414-418.

Basu, Deepankar et Vasudevan, Ramaa, 2013, « Technology, Distribution and the Rate of Profit in the US Economy: Understanding the Current Crisis », *Cambridge Journal of Economics* 37 (1), pp. 57-89.

Baud, Céline et Durand, Cédric, 2012, « Financialization, Globalization and the Making of Profits by Leading Retailers », *Socio-Economic Review* 10 (2), pp. 241-66.

Baumol, William J., 2003, *Downsizing in America: Reality, Causes, and Consequences*, New York, Russell Sage.

Berle, Adolf Augustus et Means, Gardiner Coit, 1991 [1932], *The Modern Corporation and Private Property*, Transaction Publishers.

Bettelheim, Charles, 1976, *Calcul économique et formes de propriété*, Paris, Maspero.

Bouleau, Nicolas, 2011, « On Excessive Mathematization, Symptoms, Diagnosis and Philosophical Bases for Real World Knowledge », *Real World Economics* 57, pp. 90-105.

Braudel, Fernand, 1993, *Civilisation, économie et capitalisme XVe-XVIIIe siècle*, Paris, Le Livre de poche.

_____, 2002, *La Dynamique du capitalisme*, Paris, Flammarion, Arthaud.

Bryan, Dick et Rafferty, Michael, 2006, « Financial Derivatives and the Theory of Money », *Economy and Society* 36 (1), pp. 134-58.

Brynjolfsson, Erik et McAfee, Andrew, 2014, *The Second Machine Age: Work, Progress, and Prosperity in a Time of Brilliant Technologies*, New York, W. W. Norton & Company.

Business Insider, 17 octobre 2010, « How To Strategically Default On Your Mortgage and Make Life Miserable For Your Bank », *Business Insider*, http://www.businessinsider.com/strategic-default-mortgage-2010-10?op=1.

Cai, Fang, 2003, « Was There Front Running During the LTCM Crisis », *International Finance Discussion Papers* 758, Board of Governors of the Federal Reserve System (U.S.), http://www.federalreserve.gov/pubs/ifdp/2003/758/ifdp758.pdf.

Carrick-Hagenbarth, Jessica et Epstein, Gerald A., 2012, « Dangerous Interconnectedness: Economists' Conflicts of Interest, Ideology and Financial Crisis », *Cambridge Journal of Economics* 36 (1), pp. 43-63.

Chassagnon, Virgile et Hollandts, Xavier, 2014, « Who Are the Owners of the Firm: Shareholders, Employees or No One? », *Journal of Institutional Economics* 10 (01), pp. 47-69.

Chauvin, Sébastien et Sezneva, Olga, 2014, « Has Capitalism Gone Virtual? Content Containment and the Obsolescence of the Commodity », *Critical Historical Studies* 1 (1).

Cheng, Ing-Haw ; Raina, Sahil et Xiong, Wei, 2013, *Wall Street and the Housing Bubble*, National Bureau of Economic Research.

Chesnais, François, 1997, *La Mondialisation du capital*, Paris, Syros.

_____, 2006, « La prééminence de la finance au sein du "capital en général", le capital fictif et le mouvement contemporain de mondialisation du capital », in *La Finance capitaliste*, collection Actuel Marx Confrontations, Paris, PUF.

_____, 2011, *Les Dettes illégitimes : quand les banques font main basse sur les politiques publiques*, Paris, Raisons d'agir.

Clacher, Ian et Moizer, Peter, 2011, « Accounting for Pensions », *Leeds University Business School*, http://www.napf.co.uk/PressCentre/NAPFcomment/~/media/Policy/Documents/0190_%20Accounting_for_PensionsL.ashx.

Clévenot, Mickaël ; Guy, Yann et Mazier, Jacques, 2010, « Investment and the Rate of Profit in a Financial Context: the French Case », *International Review of Applied Economics* 24 (6), pp. 693-714.

Cohn, Scott, 25 décembre 2012, « Madoff, in Christmas Eve Letter, Says Insider Trading Has Gone on "Forever" », *cnbc.com*, http://www.cnbc.com/id/100338795.

Condon, Bernard, 17 mai 2012, « Questions and Answers on Blockbuster Facebook IPO », http://bigstory.ap.org/content/questions-and-answers-blockbuster-facebook-ipo.

Cordonnier, Laurent, 2006, « Le profit sans l'accumulation : la recette du capitalisme gouverné par la finance ». *Innovations* 23 (1), p. 79.

Cordonnier, Laurent ; Dallery, Thomas ; Duwicquet, Vincent ; Melmiès, Jordan et Vandevelde, Franck, 2013, « Le coût du capital et son surcoût », étude du Clersé (Lille1 &CNRS) pour l'IRES et la CGT, http://www.ires-fr.org/images/files/EtudesAO/RapportCgtCoutCapitalK.pdf.

Coriat, Benjamin et Weinstein, Olivier, 1995, *Les Nouvelles théories de l'entreprise*, Paris, Librairie générale française.

_____, 2012, « Patent Regimes, Firms and the Commodification of Knowledge », *Socio-Economic Review* 10 (2), pp. 267-92.

Crotty, James, 2009, « Structural Causes of the Global Financial Crisis: a Critical Assessment of the "New Financial Architecture" », *Cambridge Journal of Economics* 33 (4), pp. 563-580.

De Brunhoff, Suzanne, 1967, *La Monnaie chez Marx*, Paris, Éditions sociales.

_____, 1990, « Fictitious Capital », in Eatwell, John ; Milgate, Murray et Newman, Peter, *The New Palgrave Dictionary of Economics*, pp. 3409-3410.

Duménil, Gérard et Lévy, Dominique, 2014. *La Grande Bifurcation : en finir avec le néolibéralisme*, Paris, La Découverte.

Edwards, Richard C., 1975, « Stages in Corporate Stability and the Risks of Corporate Failure », *The Journal of Economic History* 35 (2), pp. 428-457.

Eisinger, Jesse, 23 janvier 2013, « Financial Crisis Suit Suggests Bad Behavior at Morgan Stanley », *dealbook.nytimes.com*, http://dealbook.nytimes.com/2013/01/23/financial-crisis-lawsuit-suggests-bad-behavior-at-morgan-stanley/.

Farhi, Emmanuel et Tirole, Jean, 2009, *Collective Moral Hazard, Maturity Mismatch and Systemic Bailouts*, National Bureau of Economic Research.

Ferri, Piero et Minsky, Hyman P., novembre 1991, « Market Processes and Thwarting Systems ». *Levy Economics Institute Working Paper* n° 64.

Fieger, Brett, 2013, « Rethinking the Contours of "Financialization": a Reappraisal of the Empirical Data with a Focus on External Accumulation and the Obscured Net Creditor Status of the United States », Mimeo.

Fligstein, Neil et Shin, Taekjin, 2007, « Shareholder Value and the Transformation of the US Economy, 1984–2001 », in *Sociological forum* 22, Wiley Online Library, pp. 399-424.

Freeman, Christopher et Louçã, Francisco, 2001, *As Time Goes By: from the Industrial Revolutions to the Information Revolution*, Oxford et New York, Oxford University Press.

Freeman, Richard, 2007, « The Great Doubling: Labor in the New Global Economy », in *The Challenge of the New Global Labor Market. In Ending Poverty In America: How to Restore the American Dream*, New York, The New Press, chapitre 4.

Friedman, Milton, 2011, « The Need for Futures Markets in Currencies », *Cato Journal* 31 (3).

Gadrey, Jean, 21 septembre 2009, « Les Liaisons dangereuses ». *Jean GADREY pour Alternatives Économiques*, http://alternatives-economiques.fr/blogs/gadrey/2009/09/21/les-liaisons-dangereuses/.

Galati, Gabriele ; Heath, Alexandra et McGuire, Patrick, 2007, « Evidence of Carry Trade Activity », *BIS Quarterly Review* 3, pp. 27-41.

Galbraith, John, 1994, *A Short History of Financial Euphoria*. Londres, Whittle Books/Penguin Books.

Gerschenkron, Alexander, 1962, *Economic Backwardness in Historical Perspective: a Book of Essays*, Harvard, Belknap Press of Harvard University Press.

Godechot, Olivier, 2013, « Financiarisation et fractures socio-spatiales », *L'Année sociologique* 63 (1), pp. 17-50.

Goldman Sachs, avril 2010, « Goldman Helps Fan Interest in Tourre », *Documentcloud.org*, https://www.documentcloud.org/documents/724925-goldman-releases-internal-e-mails.html.

Goodfriend, Marvin, et King, Robert G., 2005, « The Incredible Volcker Disinflation », *Journal of Monetary Economics* 52 (5), pp. 981-1015.

Graeber, David, 2013, *Dette : 5 000 ans d'histoire*. Paris, Les Liens qui libèrent.

Guttmann, Robert, 1996, « Les mutations du capital financier », in Chesnais, François, *La Mondialisation financière*, Paris, Syros, pp. 59-96.

_____, 2008, « A Primer on Finance-Led Capitalism and Its Crisis », *Revue de la Régulation* [en ligne], n° 3/4, http://regulation.revues.org/5843#quotation.

Guyot, Yves, 1887, *La Science économique*, collection Bibliothèque des sciences contemporaines, C. Reinwald.

Hager, Sandy, 2013, « America's Real Debt Dilemma », *Review of Capital as Power* 1 (1), pp. 41-62.

Hardt, Michael et Negri, Antonio, 2000, *Empire*, [éd. 2004 Paris, 10/18], 1ère éd. Exils.

Harvey, David, 2010, *Le Nouvel Impérialisme*, Paris, Les Prairies ordinaires.

Hayek, Friedrich, 1975, *Profits, Interest, and Investment*, Clifton, Kelley.

Hein, Eckhard (2013), « The crisis of finance-dominated capitalism in the euro area, deficiencies in the economic policy architecture, and deflationary stagnation policies », *Journal of Post Keynesian Economics*, 36(2), pp. 325-354.

Hilferding, Rudolf, 2010 [1910], *Capital financier*, Paris, Éditions de Minuit.

Husson, Michel, 2003, « Sommes-nous entrés dans le "capitalisme cognitif" ? ». *Critique Communiste*, n° 169-170.

_____, 2008, *Un Pur Capitalisme*, Lausanne, Page deux.

_____, 2010, « La hausse tendancielle du taux de profit », version digitale sur http://hussonet. free. fr/tprof9. pdf.

_____, éd. 2014, « Que faire de la dette ? Un audit de la dette publique de la France », collectif pour un audit citoyen de la dette publique, http://france.attac.org/nos-publications/notes-et-rapports-37/article/que-faire-de-la-dette-un-audit-de.

IMF, juin 2009, « Fiscal Implications of the Global Economic and Financial Crisis », *IMF Staff Position Note*, n° SPN/09/13, http://www.imf.org/external/pubs/ft/spn/2009/spn0913.pdf.

_____, 2014, « How Big is the Implicit Subsidy for Banks Considered Too Important to Fail? », in *Global financial stability report 2014*, Washington DC, http://www.imf.org/External/Pubs/FT/GFSR/2014/01/index.htm.

Ivanova, Maria N., 2013, « Marx, Minsky, and the Great Recession », *Review of Radical Political Economics* 45 (1), pp. 59-75.

Jameson, Fredric, 1991, *Postmodernism*, Verso, Londres et New York, 436 p.

Jenkinson, Charles 1st Earl of Liverpool, 1880, *A Treatise on the Coins of the Realm in a Letter to the King*, London, Effingham Wilson, Royal Exchange.

Jensen, Michael C., 1986, « Agency Costs of Free Cash Flow, Corporate Finance, and Takeovers », *The American Economic Review* 76 (2), pp. 323-329.

Jensen, Michael C. et Meckling, William H., 1976, « Theory of the Firm: Managerial Behavior, Agency Costs and Ownership Structure », *Journal of financial economics* 3 (4), pp. 305-360.

Jordà, Òscar et Taylor, Alan M., 2012, « The Carry Trade and Fundamentals: Nothing to fear but FEER itself », *Journal of International Economics* 88 (1), pp. 74-90.

Keenan, Douglas, 12 février 2013, « Libor Misreporting », *Informath*, http://www.informath.org/media/a72/b3.htm.

Keucheyan, Razmig, 2014, *La Nature est un champ de bataille. Essai d'écologie politique*. Paris, collection Zones, La Découverte.

Keynes, John Maynard, 1998 [1936], *Théorie générale de l'emploi de l'intérêt et de la monnaie*, Paris, Payot.

Keys, Benjamin J.; Mukherjee, Tanmoy; Seru, Amit et Vig Vikrant, 2010, « Did Securitization Lead to Lax Screening? Evidence from Subprime Loans », *The Quarterly Journal of Economics* 125 (1), pp. 307-62.

Kloeck, Alexander, 2014, « Implicit Subsidies in the EU Banking Sector », study commissionnned by the Green/EFA group in the European Parliament, www.greens-efa.eu/fileadmin/dam/Documents/Studies/Implicit_subsidies_in_the_EU_banking_sector_study_January_2014.pdf.

Krippner, Greta R., 2011, *Capitalizing on Crisis: The Political Origins of the Rise of Finance*, Cambridge, Harvard University Press.

Lahart, Justin, 18 août 2007, « In Time of Tumult, Obscure Economist Gains Currency – WSJ.com », *WSJ.com*, http://online.wsj.com/news/articles/SB118736585456901047.

Lambert, Renaud ; Lordon, Frédéric et Halimi, Serge, 2012, *Économistes à gages*, Paris, *Le Monde diplomatique* et Les Liens qui libèrent.

Lamoreaux, Naomi R. ; Raff, Daniel MG. et Temin, Peter, 2002, *Beyond Markets and Hierarchies: Toward a New Synthesis of American Business History*, National Bureau of Economic Research.

Landier, Augustin et Thesmar, David, 27 juillet 2007, « Le mégakrach n'aura pas lieu », *Lesechos.fr*, http://www.lesechos.fr/27/07/2007/LesEchos/19970-048-ECH_le-megakrach-n-aura-pas-lieu.htm.

_____, 2008, *Le Grand Méchant marché : décryptage d'un fantasme français*, Paris, Flammarion.

Lapavitsas, Costas et Levina, Iren, 2010, « Financial Profit: Profit from Production and Profit upon Alienation », Research on Money and Finance, http://researchonmoneyandfinance.org/images/discussion_papers/RMF-24-Lapavitsas-Levina.pdf.

Lapavitsas, Costas, 2013, *Profiting without Producing: How Finance Exploits Us All*, Londres et New York, Verso.

_____, 2013, « The Eurozone Crisis Through the Prism of World Money », in Wolfson, Martin et Epstein, Gerald A., *The Handbook of the Political Economy of Financial Crises*, Oxford, Oxford University Press.

Lavoie, Marc et Stockhammer, Engelbert, 2012, « Wage-led Growth: Concept, Theories and Policies », ILO Working Papers, Conditions of Work and Employment Series n° 41.

Lazonick, William et O'Sullivan, Mary, 2000, « Maximizing Shareholder Value: a New Ideology for Corporate Governance », *Economy and Society* 29 (1), pp. 13-35.

Lénine, 1979 [1917], *L'Impérialisme, stade suprême du capitalisme : essai de vulgarisation*, Paris, Éditions sociales.

Lipietz, Alain, 1979, *Crise et inflation, pourquoi ?*, collection Économie et socialisme, Paris, Maspero, p. 36.

_____, 1983, *Le Monde enchanté*, Paris, La Découverte et Maspero.

Lordon, Frédéric, 2000, « La création de valeur comme rhétorique et comme pratique. Généalogie et sociologie de la valeur actionnariale », *L'Année de la régulation* 4, pp. 117-167.

_____, 21 novembre 2012, « Économistes, institutions, pouvoirs », *La pompe à Phynance – Les blog du Diplo*, http://blog.mondediplo.net/2012-11-21-Economistes-institutions-pouvoirs.

MacKenzie, Donald et Millo, Yuval, 2003, « Constructing a Market, Performing Theory: The Historical Sociology of a Financial Derivatives Exchange », *American journal of sociology* 109 (1), pp. 107-145.

Maddison, Angus, 1991, *Dynamic Forces in Capitalist Development: A Long-run Comparative View*, vol. 2, Oxford, Oxford University Press.

Magnus, Georges, 2007, « The Credit Cycle and Liquidity: Have We Arrived at a Minsky Moment? », UBS Investment Research.

Malkiel, Burton G., 1995, « Returns from Investing in Equity Mutual Funds 1971 to 1991 », *The Journal of Finance* 50 (2), pp. 549-572.

Mandel, Ernest, 1981, « Explaining Long Waves of Capitalist Development », *Futures* 13 (4), pp. 332-338.

Marx, Karl, 1968, *Œuvres II*, Paris, Gallimard, pp. 189-355.

_____, 1963, in *Œuvres I,* Paris, Gallimard.

Mauduit, Laurent, 2012, *Les Imposteurs de l'économie*, Paris, J.-C. Gawsewitch.

Melamed, Leo, 1er septembre 2012, « Melamed on Milton and the Impact of Currency Futures », *futuresmag.com*, http://www.futuresmag.com/2012/09/01/melamed-on-milton-and-the-impact-of-currency-futur.

Melamed, Leo et Tamarkin, Bob, 1996, *Leo Melamed: Escape to the Futures*, New York, John Wiley & Sons.

Milberg, William, 2007, « Exporting Processing Zones, Industrial Upgrading and Economic Development: A Survey », *Working paper 2007-10*, Schwartz Center for Economic Policy Analysis (SCEPA), The New School.

_____ et Winkler, Deborah, 2010, « Financialisation and the Dynamics of Offshoring in the USA », *Cambridge Journal of Economics* 34 (2), pp. 275-293.

Miller, Marcus ; Weller, Paul et Zhang, Lei, 2002, « Moral Hazard and the US Stock Market: Analysing the "Greenspan Put" », *The Economic Journal* 112 (478), pp. C171-C186.

Miller, Merton H., 1999, « The Derivatives Revolution After Thirty Years », *The Journal of Portfolio Management* 25 (5), pp. 10-15.

Minsky, Hyman P., 1982, « Can "It" Happen Again? A Reprise », *Challenge (05775132)* 25 (3), pp. 5-13.

_____, 1993, « The Financial Instability Hypothesis », in Arestis, Philip et Sawyer, Malcolm C., *The Elgar Companion To Radical Political Economy*, Cheltenham (UK) et Northampton (Mass.), Edward Elgar, pp. 153-157.

_____, 1996, « Uncertainty and the Institutional Structure of Capitalist Economies: Remarks Upon Receiving the Veblen-Commons Award », *Journal of Economic Issues* 30 (2), pp. 357-368.

_____, 2008, *Stabilizing an Unstable Economy*, New York, McGraw-Hill.

_____ et Wray, Larry Randall, 2008, *Securitization*, The Levy Economics Institute.

Mishel, Lawrence R.; Bernstein, Jared et Boushey, Heather, 2003, *The State of Working America, 2002/2003*, New York, Cornell University Press.

Montesquieu, Charles Louis de Secondat, 1995 [1758], *De l'Esprit des lois*, sixième partie, collection Les classiques des sciences sociales, Paris et Chicoutoumi, Gallimard, http://classiques.uqac.ca/classiques/montesquieu/de_esprit_des_lois/partie_6/de_esprit_des_lois_6.html.

Moody, Kim, 2007, *US Labor in Trouble and Transition: The Failure of Reform from Above, the Promise of Revival from Below*, Londres, Verso.

Morris, Jacob, 1982, « The Revenge of the Rentier, or The Interest Crisis in the United States », *Monthly Review* 33 (8), p. 28.

Mouhoud, El Mouhoub, 2007, « Marchandisation de la connaissance ou main invisible du communisme ? », in Dardot, Pierre; Laval, Christian et Mouhoud El Mouhoub, *Sauver Marx ? : empire, multitude, travail immatériel*, collection Armillaire, Paris, La Découverte.

_____ et Plihon, Dominique, 2007, « Finance et économie de la connaissance : des relations équivoques », *Innovations* 25 (1), pp. 9-43.

_____, 2009, *Le Savoir et la finance, liaisons dangereuses au cœur du capitalisme contemporain*, Paris, La Découverte.

Moulier-Boutang, Yann, 2007, *Le Capitalisme cognitif : la nouvelle grande transformation*, Paris, Amsterdam.

Nivat, Dominique, 2013, « Les profits des groupes du CAC 40 : quelle contribution des revenus d'investissements directs à l'étranger ? Une évaluation sur la période 2005-2011 », *Bulletin de la Banque de France*, n° 192, pp. 19-30.

Oakley, David, 15 septembre 2013, « How to Build a Better Active Manager », *FT.com*, http://www.ft.com/intl/cms/s/0/16433a18-1b9f-11e3-b678-00144feab7de.html?siteedition=uk#axzz2eznGNTBD.

Odean, Terrance, 1999, « Do Investors Trade Too Much? », *The American Economic Review,* 89(5), pp. 1279-1298.

Ostrom, Elinor, 2000, « Collective action and the evolution of social norms », *The Journal of Economic Perspectives* 14 (3), pp. 137-158.

Pagano, Ugo et Rossi, Maria Alessandra, 2009, « The Crash of the Knowledge Economy », *Cambridge Journal of Economics* 33 (4), pp. 665-683.

Palley, Thomas I., 2011, « A Theory of Minsky Super-cycles and Financial Crises », *Contributions to Political Economy* 30 (1), pp. 31-46.

Palpacuer, Florence, 2008, « Bringing the Social Context Back in: Governance and Wealth Distribution in Global Commodity Chains », *Economy and Society* 37 (3), pp. 393-419.

Pearlstein, Steven, 14 mars 2007, « "No Money Down" Falls Flat », *The Washington Post*, http://www.washingtonpost.com/wp-dyn/content/article/2007/03/13/AR2007031301733_pf.html.

Perez, Carlota, 2009, « The Double Bubble at the Turn of the Century: Technological Roots and Structural Implications », *Cambridge Journal of Economics* 33 (4), pp. 779-805.

_____, 2011, « Finance and Technical Change: a Long-term View: Research Paper », *African Journal of Science, Technology, Innovation and Development* 3 (1), pp. 10-35.

_____, 2012, « Long Waves in Global Dynamics », *Journal of Globalization Studies* 3 (2), pp. 19-25.

Perraudin, Corinne ; Petit, Héloïse ; Thèvenot, Nadine ; Tinel, Bruno et Valentin, Julie, 2013, « Inter-firm Dependency and Employment Inequalities: Theoretical Hypotheses and Empirical Tests on French Subcontracting Relationships », *Review of Radical Political Economics*, 46(2), pp. 199-220.

Perrot, Jean-Claude, 1992, « La main invisible et le dieu caché », in Perrot, Jean-Claude, *Une Histoire intellectuelle de l'économie politique*, Paris, Éditions de l'EHESS, pp. 333-354.

Piketty, Thomas, 2013, *Le Capital au XXIe siècle*, Paris, Seuil.

Plihon, Dominique et Jeffers, Esther, 2013, « Le *shadow banking* system et la crise financière », *Les Cahiers français* 375.

Poszar, Zotland ; Adrian, Tobias ; Ashcraft, Adam et Boesky, Hayley, 2013, « Shadow Banking », *Economic Policy review* 19 (2).

Prem Roohi, 1997, « International Currencies and Endogenous Enforcement – An Empirical Analysis », *IMF working paper*, 97/29.

Pucci, Muriel et Tinel, Bruno, 2011, « Réductions d'impôts et dette publique en France », *Revue de l'OFCE* 116 (1), pp. 116-148.

Quelin, Bertrand, et Benzoni, Laurent, 1988, « La concurrence oligopolistique : dynamique et instabilité, ref traité d'économie industrielle », in Arena, Richard ; Bandt (de), Jacques ; Benzoni, Laurent et Romani, Paul-Marie, *Traité d'économie industrielle*, Paris, Economica.

Ragot, Xavier, 2013, « Les Banques centrales dans la tempête – Pour un nouveau mandat de stabilité financière », in Askenazy, Philippe (dir.) et Cohen, Daniel (dir.), *5 crises. 11 nouvelles questions d'économie contemporaine*, Paris, Albin Michel, pp. 371-423.

Rebérioux, Antoine, 2005, « Les fondements microéconomiques de la valeur actionnariale », *Revue économique* 56 (1), pp. 51-75.

Reisman, George, 23 octobre 2008, « The Myth that Laissez Faire Is Responsible for Our Present Crisis », *Mises daily*, http://mises.org/daily/3165.

Reuters, 2 décembre 2010, « Madoff Trustee Sues JP Morgan for $6.4 Billion », http://www.reuters.com/article/2010/12/02/us-madoff-jpmorgan-idUSTRE6B153220101202.

Ross Sorkin, Andrew, 12 janvier 2010, « Goldman Acknowledges Conflicts With Clients », *dealbook.nytimes.com*, http://dealbook.nytimes.com/2010/01/12/goldman-executive-discloses-conflicts-policy/?_r=0.

Ross, Stephen A., 2009, *Neoclassical Finance*, Princeton, Princeton University Press.

Saez, Emmanuel, 2013, « Striking it Richer: The Evolution of Top Incomes in the United States (Updated With 2011 Estimates) », *University of California-Berkeley working Paper* 2013, pp. 1-8.

Scannell, Kara, 9 novembre 2013, « SAC Pleads Guilty but Judge Stops Short of Accepting Plea », *FT.com*, http://www.ft.com/intl/cms/s/0/630f48dc-48bd-11e3-8237-00144feabdc0.html#axzz2kf8NdDjs.

_____, et Braithwaite, Tom, 19 octobre 2013, « JP Morgan Reaches $13bn Deal with US Authorities », *FT.com*, http://www.ft.com/intl/cms/s/0/5b840688-38f6-11e3-a791-00144feab7de.html?siteedition=intl&siteedition=intl#axzz2iCqJeB2Z.

_____, et Reddy, Sudeep, 24 octobre 2008. « Greenspan Admits Errors to Hostile House Panel », *WSJ.com*, http://online.wsj.com/article/SB122476545437862295.html.

Schäfer, Daniel et Binham, Caroline, 1er novembre 2013, « Probes Into Forex Trading Spread Across Globe », *FT.com*, http://www.ft.com/intl/cms/s/0/1d20d216-431b-11e3-9d3c-00144feabdc0.html#axzz2kf8NdDjs.

Serfati, Claude, 2011, « Transnational Corporations as Financial Groups », *Work, Organization, Labour & Globalization* 5 (1).

Seven Pillars Institute, 25 avril 2011, « The Goldman Abacus Deal », http://sevenpillarsinstitute.org/case-studies/goldman-sachs-and-the-abacus-deal.

Severinson, Clara et Yermo, Juan, 2012, *The Effect of Solvency Regulations and Accounting Standards on Long-term Investing: Implications for Insurers and Pension Funds*, OECD Publishing.

Smithin, John, 1996, *Macroeconomic Policy and the Future of Capitalism: The Revenge of the Rentiers and the threat to Prosperity*. Cheltenham (UK) et Brookfield (Vt.), E. Elgar.

Stewart, Dugald, 1855, « Lectures on Political Economy. Vol. I. APPENDIX II.—:To B. II. Ch. ii. », Édimbourg, Sir William Hamilton, http://oll.libertyfund.org/?option=com_staticxt&staticfile=show.php%3Ftitle=2203&chapter=206660&layout=html&Itemid=27.

Stockhammer, Engelbert, 2008, « Some Stylized Facts on the Finance-dominated Accumulation Regime », *Competition & Change* 12 (2), pp. 184-202.

_____, 2011, « Wage-led growth. An introduction », *International Journal of Labour Research* vol. 3, n°2, pp. 167-188.

Streeck, Wolfgang, janvier 2012, « La crise de 2008 a commencé il y a quarante ans », *Le Monde diplomatique*.

_____, 2013, « Les marchés et les peuples : capitalisme démocratique et intégration européenne », in Durand, Cédric, *En finir avec l'Europe*, Paris, La Fabrique, pp. 59-70.

_____, (2014), *Buying time: The Delayed Crisis of Democratic Capitalism,* Londres et New York, Verso.

Tett, Gillian, 19 janvier 2007, « The Unease Bubbling in Today's Brave New Financial World », *FT.com*, http://www.ft.com/intl/cms/s/0/92f7ee6a-a765-11db-83e4-0000779e2340.html?siteedition=intl#axzz2bSlcVndV.

_____, 2010, *Fool's Gold: How Unrestrained Greed Corrupted a Dream, Shattered Global Markets and Unleashed a Catastrophe*, Londres, Abacus.

Tinel, Bruno, 2004, *À quoi servent les patrons : Marglin et les radicaux américains*, Lyon, ENS éditions.

Tobin, James, 1989, « Review of Stabilizing an Unstable Economy by Hyman P. Minsky », *Journal of Economic Literature* 27 (1), pp. 105-108.

Tomaskovic-Devey, Donald et Lin, Ken-Hou, 2011, « Income Dynamics, Economic Rents, and the Financialization of the US Economy », *American Sociological Review* 76 (4), pp. 538-559.

Tokunaga, Junji et Epstein, Gerald, 2014, « The Endogenous Finance of Global Dollar-Based Financial Fragility in the 2000s: A Minskian Approach », *PERI working paper* 340, http://www.peri.umass.edu/236/hash/4547cd7e0f05c2d9a1c90a25416fdcd2/publication/598/.

Tsingou, Eleni, 2014, « Power Elites and Club-Model Governance in Global Finance », *International Political Sociology* 8 (3), pp. 340-342.

Viner, Jacob, 1955, *Studies in the Theory of International Trade*. Londres, George Allen & Unwin LTD.

Vitali, Stefania ; Glattfelder, James B. et Battiston, Stefano, 2011, « The Network of Global Corporate Control », *PLOS ONE* 6 (10), e25995.

Wall Street Journal, 1[er] septembre 2010. « Dick Fuld Testimony: No Apologies Here », http://blogs.wsj.com/deals/2010/09/01/dick-fuld-testimony-no-apologies-here/.

Williamson, Oliver E., 1985, *The Economic Institutions of Capitalism: Firms, Markets, Relational Contracting*, New York et Londres, Free Press et Collier Macmillan.

Williamson, Oliver E., 1988, « Corporate Finance and Corporate Governance », *The Journal of finance* 43 (3), pp. 567-91.

Wolf, Martin, 16 septembre 2008, « The End of Lightly Regulated Finance Has Come Far Closer », *FT.com*, http://www.ft.com/intl/cms/s/0/49a481fe-8406-11dd-bf00-000077b07658.html#axzz2mqCKtEuT.

Yermo, Juan, 2003, « Recent Developments in Occupational Pension Plan Accounting », IMF, http://www.imf.org/external/np/sta/ueps/2003/090903.pdf.

Zucman, Gabriel, 2013a, *La Richesse cachée des nations : enquête sur les paradis fiscaux*, collection La République des idées, Paris, Seuil.

_____, 2013b. « The Missing Wealth of Nations: Are Europe and the US Net Debtors or Net Creditors? ». *The Quarterly Journal of Economics* 128 (3), pp. 1321-1364.

图书在版编目（CIP）数据

虚拟资本：金融怎样挪用我们的未来／（法）塞德里克·迪朗著；陈荣钢译． --北京：中国人民大学出版社，2024.10. --ISBN 978-7-300-33030-3

Ⅰ.F014.39

中国国家版本馆CIP数据核字第2024Q0Z706号

政治经济学文库·前沿
虚拟资本：金融怎样挪用我们的未来
［法］塞德里克·迪朗　著
陈荣钢　译
Xuni Ziben: Jinrong Zenyang Nuoyong Women de Weilai

出版发行	中国人民大学出版社		
社　　址	北京中关村大街31号	邮政编码	100080
电　　话	010-62511242（总编室）	010-62511770（质管部）	
	010-82501766（邮购部）	010-62514148（门市部）	
	010-62515195（发行公司）	010-62515275（盗版举报）	
网　　址	http://www.crup.com.cn		
经　　销	新华书店		
印　　刷	北京宏伟双华印刷有限公司		
开　　本	720 mm×1000 mm　1/16	版　次	2024年10月第1版
印　　张	14.75 插页1	印　次	2024年11月第2次印刷
字　　数	132 000	定　价	69.00元

版权所有　　侵权必究　　印装差错　　负责调换

Le capital fictif: Comment la finance s'approprie notre avenir

by Cédric Durand

© Éditions Amsterdam, 2015

Simplified Chinese translation copyright © 2024 by China Renmin University Press Co., Ltd.

All Rights Reserved.